EDUCAR MENINAS E MENINOS
relações de gênero na escola

EDUCAR MENINAS E MENINOS
relações de gênero na escola

DANIELA AUAD

Copyright© 2006 Daniela Auad
Todos os direitos desta edição reservados à
Editora Contexto (Editora Pinsky Ltda.)

Montagem de capa e diagramação
Gustavo S. Vilas Boas

Revisão
Lilian Aquino
Ruy Azevedo

Dados Internacionais de Catalogação na Publicação (CIP)
(Câmara Brasileira do Livro, SP, Brasil)

Auad, Daniela
 Educar meninas e meninos : relações de gênero na escola /
Daniela Auad. – 2. ed. – São Paulo : Contexto, 2025.

 Bibliografia.
 ISBN 978-85-7244-310-4

 1. Diferenças entre sexos na educação 2. Educação –
Finalidades e objetivos 3. Igualdade educacional 4. Meninas –
Educação 5. Meninos – Educação I. Título.

05-8783   CDD-379.26

Índice para catálogo sistemático:
1. Relações de gênero na escola : Política pública 379.26

2025

EDITORA CONTEXTO
Diretor editorial: *Jaime Pinsky*

Rua Dr. José Elias, 520 – Alto da Lapa
05083-030 – São Paulo – SP
PABX: (11) 3832 5838
contato@editoracontexto.com.br
www.editoracontexto.com.br

Proibida a reprodução total ou parcial.
Os infratores serão processados na forma da lei.

Sumário

Apresentação 7
Guacira Lopes Louro

Qual educação queremos para meninas e meninos? 13
Igualdade e diferença *versus* desigualdade

Os óculos que uso para olhar a realidade 17
Gênero como categoria de análise

No meio do caminho tinha uma escola. Tinha uma escola no meio do caminho. 25
Os pilares de uma pesquisa de campo

"Quem vai sentar na fileira dos quietinhos?" 29
Disciplina e rendimento na sala de aula

"Até as meninas estão matracas hoje!" 37
O uso da fala e as interações com a professora

"Ela é a menina que brinca com a gente" 43
O aprendizado da separação
nas brincadeiras e jogos no pátio

Misturar é o bastante para mudar? 53
Quando escola mista e coeducação
não são sinônimos

Será que sempre foi assim? 59
Um breve histórico sobre a escola mista

E agora? Juntos ou separados? 69
A escola mista no atual debate internacional

Da escola mista à coeducação 77
Caminho para uma política pública
de igualdade de gênero

Sugestões de leitura 89
e referências bibliográficas

A autora 93

Agradecimentos 95

Apresentação

Nas escolas brasileiras, usualmente, meninas e meninos estão juntos. Prática tão comum que quase nos parece "natural". Um arranjo inquestionável, a respeito do qual não há o que estranhar.

Daniela Auad não pensa assim. Ela se inquieta com essa paisagem, desconfia de sua aparente naturalidade e suposta harmonia e se põe a questioná-la. Não esboça, contudo, qualquer sugestão de um nostálgico retorno aos territórios demarcados pela exclusividade de gênero. Propõe-se, simplesmente, a discutir o tal arranjo indiscutível. Mais pontualmente ela se pergunta, e nos incita a perguntar, se a escola mista, que conhecemos há tanto tempo em nosso país, significa de fato coeducação de meninos e meninas.

Um bom começo de pesquisa. Questionar o que está "dado", problematizar o que é tido como definido e definitivo é traço distintivo dos melhores estudiosos, das intelectuais originais. Para ensaiar respostas à questão que levanta, a autora se movimenta por duas vias: de um lado, mergulha no cotidiano de uma escola pública brasileira, de outro, faz contato com a produção nacional e internacional sobre o tema. Essa dupla caminhada permite-lhe construir "dados", juntar elementos e recursos para tecer seus argumentos e escrever este livro. Daniela articula o que vê, sente e ouve e as conversas que arma com as crianças ou as situações nas quais se "mete", em sua pequena escola, com os textos teóricos e as pesquisas que teve oportunidade de examinar, muitas delas produzidas em distintas instâncias acadêmicas e em outros contextos institucionais. Dessa combinação resulta um texto pessoal e direto. A autora não se esconde, ao contrário, se expõe. Daniela comenta, explica, sugere, provoca.

Acredito que a forma como alguém escreve está sempre articulada, intimamente, à forma como pensa e conhece. Por certo estou convencida de que cabe ao leitor ou leitora atribuir um "tom" a um texto. Por isso, preocupo-me menos em descobrir as "verdadeiras" intenções de quem escreve. Sei que toda escrita desliza. Um texto pode sempre ser lido de muitos modos, pode sempre ser reinterpretado. Mas há textos que parecem carregados de um "tom" definitivo e outros que nos parecem mais abertos ou convidativos. Há os que tendem a "fechar" as questões que levantam e os que se mostram menos cerrados (recheados de perguntas, parecem sugerir que "entremos" na discussão). Há textos que deixam explícitos a polêmica e o dissenso. Há os que parecem impenetráveis, talvez por usarem códigos que desconhecemos, outros que já se mostram mais "desatados". Enfim, existem mil possibilidades de escrever e de ler um texto. Não tenho qualquer pretensão de sentenciar, aqui, qual o melhor ou mais conveniente caminho a ser adotado. O que me interessa assinalar é que o modo como alguém escreve tem tudo a ver com suas escolhas teóricas e políticas e isso me permitiu refletir um pouco mais sobre o livro de Daniela.

Descobrir suas escolhas teóricas e políticas não requer um esforço especial. Ela as escancara, já nas primeiras páginas. A "intenção" não precisa ser adivinhada, ela é anunciada "antes de começar(mos) a leitura". Daniela diz que deseja fazer deste texto um livro para ser lido por professores em formação e em exercício, para quem está diretamente envolvido com a prática escolar. Em vez de dirigir seu texto à comunidade acadêmica da qual é ativa participante, ela transforma sua tese de doutorado em uma leitura "útil e agradável", acessível a toda gente interessada na questão que discute. A militante feminista põe-se em ação como pesquisadora e autora. Sem rodeios, Daniela fala de seu desejo de "dar a conhecer" a respeito do campo em que se movimenta. Por isso assume, deliberadamente, um tom pouco pretensioso e constrói um texto direto, permitindo-se "traduzir" conceitos e teorias supostamente já conhecidos nos espaços universitários, apresentando as autoras e os autores que utiliza como referência, descrevendo o processo de pesquisa, os modos de fazer e de pensar.

Escrito sob a ótica feminista, o livro é, assumidamente, interessado. Sugere um tom pedagógico e político. Sem esconder seu desejo de intervir no espaço escolar, Daniela parece apostar na potencialidade do conhecimento como promotor ou facilitador das transformações que julga necessárias. Daí seu desejo de que aqueles e aquelas que "mexem" com o cotidiano escolar – seus leitores preferenciais – possam se aproximar e participar das discussões usualmente restritas aos espaços acadêmicos.

Seu argumento central é o de que a escola mista se constitui em um meio e em um pressuposto necessários, mas não suficientes para a coeducação. A fim de demonstrar tal argumento, vale-se da descrição e da análise das práticas diárias que experimentam crianças e adultos na Escola do Caminho, combinando esses registros e interpretações com estudos que nos falam de outras realidades educacionais. A combinação, talvez pouco ortodoxa, amplia a paisagem escolar, que é o alvo principal do livro, e permite a quem lê interagir vivamente com o texto. Assim aconteceu comigo.

O relato desse cotidiano pode ser familiar às professoras em exercício, mas ele se constitui, frequentemente, em uma espécie de "novidade" para aqueles e aquelas que, como eu, vivem na academia. Habituados às polêmicas e aos meandros das teorias, nós, pesquisadores e estudantes dos cursos de pós-graduação, estamos, muitas vezes, distantes das práticas do dia a dia de meninos e meninas. Por um lado, nossas discussões acadêmicas costumam ser, frequentemente, desatentas às especificidades das relações de gênero na(s) infância(s), uma vez que a maior parte da produção teórica de que dispomos parece assumir como referência os adultos jovens; por outro lado, quando buscamos compreender as dinâmicas de gênero entre crianças, nos vemos diante da escassez desses estudos no nosso país e acabamos dependendo, fortemente, das pesquisas estrangeiras. As brincadeiras, os jogos, a linguagem, os códigos particulares de meninos e meninas das diferentes comunidades brasileiras pouco são registrados e analisados. Vejo aqui um dos principais méritos do livro de Daniela. O minucioso trabalho de campo que ela empreendeu permitiu-lhe descrever e analisar essa particular dinâmica de gênero. Assim, ela nos conta das divisões na sala de aula e das misturas no pátio e adivinha (ou atribui) uma "lógica" a tal mistura. Descreve e analisa brincadeiras, ocupação de espaços, disputas, hierarquias. Não cai, no entanto, na armadilha de construir um quadro analítico "coerente", no qual posições e relações de gênero, de algum modo definidas, servem para classificar sujeitos e práticas observadas. Seu estudo ganha em interesse exatamente porque ela registra, com igual zelo e detalhe, situações e personagens que "fogem" da tal lógica antes delineada; sujeitos e práticas que escapam ou perturbam as dinâmicas que parecem usuais.

A questão da escola mista e da coeducação é discutida, pois, apoiando-se na análise que a autora produz sobre as dinâmicas observadas. A questão é discutida, também, com base no debate que atualmente vem se fazendo sobre o tema e com apoio em fragmentos da história desse processo. Ao longo do livro, Daniela estabelece um diálogo com estudiosas feministas, especialmente francesas, remete às teorizações recentes sobre a questão, acentua diferenças nas práticas escolares observadas, comenta proximidades, tece argumentos.

O livro parece alcançar, assim, um público bem mais amplo do que aquele que a autora delineou nas primeiras páginas. Seu texto é generoso. Não são apenas as professoras e os professores em formação e em exercício que ganham com sua leitura, quando se aproximam das teorias e dos debates contemporâneos; também estudantes, pesquisadoras e professores dos cursos de graduação e pós-graduação têm oportunidade de entrar em contato com uma dinâmica de gênero à qual a academia ainda não dá atenção efetiva. Além disso, a todos esses leitores e leitoras, Daniela ainda "dá a conhecer" detalhes de seu processo investigativo, contribuindo para que os passos e percalços de uma pesquisa educacional se tornem menos esotéricos e restritos aos iniciados. Sem dúvida, um livro especialmente "útil e agradável", tal como ela quis fazer. Estou certa que ganharemos todos com sua leitura!

Guacira Lopes Louro
Professora titular da UFRGS, participante do programa de pós-graduação em Educação na linha de pesquisa Educação e Relações de Gênero.

Qual educação queremos para meninas e meninos?
Igualdade e diferença *versus* desigualdade

    De tempos em tempos, surgem estudos alardeando que homens têm neurônios a mais ou neurônios a menos que as mulheres. São noticiadas pesquisas que atestam que o cérebro das mulheres é mais pesado ou mais leve do que o dos homens. Também são comuns estudos que lidam com a impetuosidade nos meninos e a fragilidade e medo nas meninas, como características típicas. Não se pode esquecer ainda das pesquisas que ora atestam que meninos precisam de mais ordem, ora revelam que meninas carecem de mais autoridade. Em resumo, são muitas páginas, vários *websites*, diversos jornais, variadas revistas e poucos – porém ruidosos – livros que, de diferentes maneiras, acabam por provar "cientificamente" o porquê das desigualdades entre o masculino e o feminino.

Este livro não trata, portanto, de como podemos "criar" meninos e meninas, de maneiras diferentes, em razão de seu sexo. Eu não escreveria sobre isso, pois acredito que lindos gatinhos, por exemplo, podem ser criados. Graciosos cãezinhos podem ser adestrados. Contudo, apenas meninas, meninos, homens e mulheres podem ser *educados*.

Educar pessoas não é, portanto, uma simples técnica, amparada por dados científicos, bem "amarrada e arrumadinha" em um atraente e colorido manual. Educar homens e mulheres, para uma sociedade democrática e igualitária, requer reflexão coletiva, dinâmica e permanente. E é neste processo que o presente livro pretende colaborar.

Para tal, uma das características desta obra é a preocupação e o desejo de ser útil e agradável leitura para todos aqueles e aquelas que se interessam por educação: professoras e professores em formação e em exercício, pesquisadoras e pesquisadores de diferentes ramos das ciências humanas e pais e mães não satisfeitos com as cristalizadas explicações em rosa ou azul.

Assim, por desejar contribuir para a construção de uma educação igualitária e democrática, nas páginas a seguir analiso aspectos históricos, sociais e políticos tanto da relação entre o masculino e o feminino na escola, como instituição, quanto descrevo facetas da convivência entre meninas e meninos, em uma determinada realidade educacional.

Persigo, dessa maneira, o objetivo de conhecer as práticas escolares. Estas, ao longo deste livro, são percebidas como elementos que produzem e posicionam os sujeitos que delas participam. Os significados são produzidos nas práticas. Ou, conforme ensina Valerie Walkerdine, professora da Universidade de Londres, as ações, os objetos, as palavras existem com base nas práticas. As concepções, por exemplo, de "boa aluna", "menino indisciplinado", "mãe devotada" ou "índio preguiçoso" existem em razão de diferentes práticas, não empreendidas necessariamente pelos sujeitos dos quais se fala.

Se as práticas escolares são a figura a ser focalizada ao longo deste livro, a categoria gênero funciona como os óculos que permitem enxergar e analisar a coeducação e a escola mista para meninos e meninas como cenário e pano de fundo.

Nesse sentido, uma breve cronologia e o atual debate sobre escola mista também são expressos em capítulos reservados para contextualizar essa temática do ponto de vista histórico e sociológico, comparativamente no Brasil e no exterior.

Acredito que o debate teórico, no caso das pesquisas educacionais, tem valor à medida que se relaciona com a prática e a transforma. Por essa razão, o cerne deste livro encontra-se nos capítulos que revelam as observações e os dados coletados na escola. Assim, as relações de gênero nas práticas escolares, na sala de aula e no pátio, bem como os pilares da pesquisa, desenvolvida no âmbito do doutorado em Educação, são expressos em capítulos especialmente destinados para esse fim. Pretende-se revelar, página após página, como a escola pode ser o lugar no qual se dá o discriminatório "aprendizado da separação" ou, em contrapartida, como pode ser uma importante instância de emancipação e mudança. Tal transformação, melhor sintetizada no último capítulo, seria na direção do desenvolvimento de uma política pública de reflexão sobre o masculino e sobre o feminino. Essa política educacional poderia promover a igualdade e fazer com que as diferenças não se confundissem com as desigualdades.

Enfim, na maioria das vezes, é desejo de quem escreve que a leitura desperte o prazer em trilhar novos caminhos teóricos e práticos; aguce a vontade de saber mais e, consequentemente, agir diferente; crie a necessidade de mudar mentalidades e atitudes. Não sou diferente da maioria e, como autora, desejo que leitoras e leitores, ao longo das páginas deste livro, exercitem seus desejos por uma escola e por uma sociedade diferente para meninos, meninas, mulheres e homens. Assim, para aquelas e aqueles que desejam uma bibliografia de apoio e indicações de outras obras, ao final do livro, é possível acessar sugestões de leitura e referências bibliográficas. Espero que todos e todas possam aproveitar bastante!

Os óculos que uso para olhar a realidade
Gênero como categoria de análise

Se considerarmos que ainda não se chegou à vigésima página deste livro e a palavra *gênero* já apareceu quase uma dezena de vezes – e até mesmo no título ela figura –, perceberemos a necessidade de entender, afinal, o que se evoca quando tal termo é utilizado.

Como é de se esperar, todas as palavras e, portanto, também os conceitos, têm uma história. E isso não é diferente em relação à palavrinha a que estamos nos referindo. Para entender o que é gênero ou o que são as relações de gênero, é importante percorrer, ainda que brevemente, uma parte da história desse conceito.

Desde 1964, um psiquiatra norte-americano chamado Robert Stoller realizava estudos sobre masculinidade, feminilidade e a questão da "identidade de gênero". Em 1975, a antropóloga Gayle Rubin já definia a existência de um sistema sexo-gênero em todas as sociedades.

Décadas depois, em 1990, chegou ao Brasil um texto escrito por Joan Scott, "Gênero: uma categoria útil de análise histórica". Essa publicação contribuiu para que setores da área de ciências humanas reconhecessem a importância das relações sociais que se estabelecem com base nas diferenças percebidas entre o sexo masculino e o sexo feminino.

Há ainda uma abordagem sobre a categoria gênero tão importante quanto o texto de Joan Scott. Refiro-me à visão proposta, em vários escritos, por Christine Delphy. Essa pesquisadora do Centro Nacional de Pesquisa Científica, na França, também foi cofundadora, ao lado de Simone de Beauvoir, das revistas *Questions féministes* e *Nouvelles Questions féministes*. Nas páginas a seguir, será possível conhecer o conteúdo de publicações produzidas por essa pesquisadora nas décadas de 1980 e 1990 que são marcantes até a atualidade.

Assim, foi a partir da década de 1980, de maneira mais sistemática e por tomar como base autoras internacionais, que várias pesquisadoras brasileiras foram se apropriando do conceito de gênero. Tal apropriação potencializou a percepção da desigualdade entre o masculino e o feminino e entre mulheres e homens, como uma construção social.

Olhar a realidade valendo-se dessa categoria como base provocou, portanto, o questionamento das tradicionais assertivas sobre o que é "natural" para cada um dos sexos. E aqui é importante lembrar que tal carga subversiva da categoria gênero se deve à sua inegável ligação com o movimento feminista.

Embora exista quem afirme "estudar gênero" sem ser feminista, é a partir desse movimento social que as bases desse conceito se estruturaram, se ampliaram e se reformularam. Ao manterem a ligação entre feminismo e gênero, pesquisas, livros e artigos podem ser portadores de reflexão e mudança, sem deixarem de ser genuínas produções acadêmicas. São pesquisas que questionam os fundamentos das disciplinas científicas. Estudos que duvidam, por exemplo, da heterossexualidade como norma e a percebem como chave do sistema de dominação. Publicações que problematizam os autores tradicionalmente citados e as categorias usualmente utilizadas, a fim de propor novos olhares e emancipatórias soluções para antigos objetos de estudo.

O presente livro pretende estar alinhado com estudos como esses. Nesse sentido, adoto a categoria gênero por desejar pensar aspectos das práticas escolares, especificamente na educação de meninas e meninos, que não seriam percebidos sem essa apropriação. Trata-se de contribuir para um questionamento nos fundamentos dos estudos sobre educação, ao se tomar como base as relações de gênero.

Vale ressaltar que as relações de gênero, do modo como estão organizadas em nossa sociedade, são uma máquina de produzir desigualdades. As visões naturalistas sobre mulheres, meninas, homens e meninos representam travas para a superação dessa situação.

Quando começamos a considerar as relações de gênero como socialmente construídas, percebemos que uma série de características consideradas "naturalmente" femininas ou masculinas corresponde às relações de poder. Essas relações vão ganhando a feição de "naturais" de tanto serem praticadas, contadas, repetidas e recontadas. Tais características são, na verdade, construídas, ao longo dos anos e dos séculos, segundo o modo como as relações entre o feminino e o masculino foram se engendrando socialmente.

Agora, apenas uma pausa para retomar o fôlego e não perder o ânimo. Ao longo deste capítulo, repito exaustivamente que as relações de poder entre o masculino e o feminino foram sendo construídas socialmente ao longo da história. Quero dizer que, por um lado, essas relações são bem "antigas" e parecem que sempre estiveram aí. Ou melhor, de diferentes maneiras, essas relações de poder entre o masculino e o feminino sempre estiveram em toda parte! Por outro lado, também estou afirmando que as desigualdades não são inatas e imutáveis. Uma vez construídas, elas podem ser *transformadas!* Vamos, então, prosseguir...

Christine Delphy, a pesquisadora francesa colega de Simone de Beauvoir, sobre a qual falamos páginas atrás, afirma ser o gênero "um produto social que constrói o sexo".

Justo agora que estava começando a ficar mais claro, apareço com essa! Vamos ver, passo a passo, o que isso quer dizer:

Sexo e gênero não são a mesma "coisa", embora estejam relacionados.

Se as relações de gênero não existissem do modo como as conhecemos, o que percebemos como sexo não seria valorizado como importante.
Ou seja, ter um pênis ou ter uma vagina poderia ser apenas uma diferença física entre outras.

As diferenças anatômicas entre homens e mulheres (ter um pênis ou uma ter vagina, por exemplo) não teriam nenhuma significação valorativa em si mesmo não fossem os arranjos de gênero vigentes na nossa sociedade.

O gênero – como um conjunto de ideias e representações sobre o masculino e sobre o feminino – cria uma determinada percepção sobre o sexo anatômico. E, então, ter pênis ou ter vagina, ser menina, homem, mulher ou menino determina quais serão as informações utilizadas para organizar os sujeitos em uma desigual (e irreal!) escala de valores.

Linda Nicholson, professora da Universidade de Cornell, considera que, em muitas sociedades, as características corporais de homens e mulheres eram – e continuam sendo – uma forma comum de diferenciação entre o masculino e o feminino.

Apesar disso, essa autora americana deixa claro também que o sentido das distinções entre masculino e feminino pode mudar de sociedade para sociedade, e ainda em uma mesma sociedade, ao longo de sua história. Assim, não é preciso haver um único conjunto de critérios que permita concluir o que é "ser mulher" e o que é "ser homem".

Muito bem! Algumas páginas sobre o conceito de gênero se passaram e o que isso quer dizer ainda não está claro? Não se assuste! Embora gênero seja uma potente categoria, está longe de ser entendida da mesma maneira até mesmo pelas estudiosas e pelos estudiosos das relações entre o feminino e o masculino. Sendo assim, vejamos se um resumo pode ajudar.

Gênero não é sinônimo de sexo (masculino ou feminino). As relações de gênero correspondem ao conjunto de representações construído em cada sociedade, ao longo de sua história, para atribuir significados, símbolos e diferenças para cada um dos sexos.

As características biológicas entre homens e mulheres são interpretadas segundo as construções de gênero de cada sociedade. Ou, em outras palavras, as características e diferenças anatômicas são enxergadas, percebidas e valorizadas do modo como são, e não de outro modo, graças à existência das relações de gênero socialmente construídas.

Por exemplo, no momento em que uma criança do sexo masculino nasce e ouvimos dizer "É menino!", assistimos à primeira interpretação de uma série que, de diferentes formas, moldará as expectativas, as experiências e o modo como se dará a inserção e a participação dessa criança no meio social.

Assim, ser homem ou ser mulher corresponde a pertencer ao gênero masculino ou feminino. Tal relação de pertencimento a um gênero prevê a negação e o distanciamento ao sexo que não é o seu, o chamado sexo "oposto".

Portanto, o modo como percebemos cada um dos gêneros pressupõe oposição e polaridade. O feminino é associado, na maioria das vezes, à fragilidade, à passividade, à meiguice e ao cuidado. Ao masculino correspondem atributos como a agressividade, o espírito empreendedor, a força e a coragem. Muitos são os adjetivos que podem ser citados, mas fato é que a maioria dos atributos presentes em um gênero está excluída automaticamente do outro. Em poucas palavras, pode-se dizer que sexo é percebido como uma questão relativa à biologia, enquanto o gênero é uma construção histórica a partir dos fatos genéticos.

A ideia de oposição entre os gêneros conduz, dentre várias consequências, a muitas ideias equivocadas. A seguir, estão dois exemplos dessas ideias que reforçam as desigualdades e fazem as pessoas menos felizes. Após cada ideia, há uma breve explicação, de modo que seja possível refletir e entender o equívoco.

> ☹ Todos os homens de uma mesma sociedade são iguais, assim como todas as mulheres o são.

> ☺ Na verdade, há diferenças entre homens e mulheres de uma mesma sociedade e entre homens e mulheres de sociedades diferentes.

☹ Os homens sempre dominam e as mulheres são sempre dominadas.

☺ Se, por um lado, é verdade que os indivíduos do sexo masculino detêm maior e mais diversificado poder em nosso meio, por outro, não há como afirmar que as mulheres não detêm nenhum poder. Ambos os sexos exercem diferentes e variadas formas de poder. É importante notar como o poder — e que tipo de poder — é distribuído de maneira desigual entre os sexos e como as diferenças sexuais (ter pênis ou ter vagina, por exemplo) são um forte critério nessa distribuição, tornando-se sinônimos de desigualdades. ☺

Questionar, e não imediatamente negar, o que percebemos como tipicamente feminino ou tipicamente masculino pode ajudar a notar como muitas diferenças entre homens e mulheres não são naturais. Há de se duvidar do que é visto como "coisa de mulher" ou como "papo de homem". Termos como esses podem revelar concepções desiguais dos sujeitos. E as desigualdades acabam por ditar do que meninas boazinhas devem brincar, o que homens fortes devem fazer, do que toda mulher honesta deve fugir e como um menino corajoso deve se comportar.

Ainda sobre as diferenças e as desigualdades, é importante lembrar o que ouvi repetidas vezes de Maria Victoria Benevides: "O contrário da igualdade não é a diferença. O contrário da igualdade é a desigualdade. Uma diferença pode ser culturalmente enriquecedora, ao passo que uma desigualdade pode ser um crime".

Vamos descobrir, nos capítulos a seguir, como a categoria gênero pode ser um par de óculos revelador das relações de poder desiguais no interior da escola.

No meio do caminho tinha uma escola.
Tinha uma escola no meio do caminho.
Os pilares de uma pesquisa de campo

A escola pública escolhida era, em um só tempo, comum e especial. A observação, a análise e o estudo de suas práticas permitiram conhecer as relações de gênero. Vale notar que essa escola sempre esteve no meu caminho, antes mesmo de surgir o desejo de tomá-la como campo de pesquisa.

Em meus tempos de faculdade, passava em sua porta dentro do ônibus que me levava de casa até a universidade na qual cursava Pedagogia. Anos depois, ao iniciar o doutorado, foi ali que elaborei um curso para professoras e, ao tomá-lo como fundamento, escrevi e publiquei posteriormente o livro *Feminismo: que história é essa?"*.

Assim, essa escola que, inicialmente, estava apenas no meu caminho geográfico, se tornou pouco a pouco o terreno no qual eu poderia realizar vários dos meus projetos e desejos.

Vale notar que ela não estava só no meio do "meu caminho". Na sua porta, havia paradas iniciais e finais de ônibus. Assim, a escola estava também no caminho de muitas trabalhadoras e trabalhadores que ali deixavam seus filhos, em meio a toda a fumaça dos ônibus daquele agitado bairro.

Ao olhar as crianças entrando e saindo daquela instituição de ensino, ao passarem por baixo do bonito arco florido, pensava no caminho geralmente tortuoso da escolarização de meninas e meninos das classes populares. Pelo menos ali, na entrada e saída da escola, havia flores.

Por todas essas razões, a escola, campo de pesquisa, foi rebatizada por mim como "Escola do Caminho". Tal unidade localiza-se na cidade de São Paulo, em um bairro de intenso comércio, mas também com valorizada área residencial. Ali era oferecido ensino fundamental de 1º grau, ciclo I, ou seja, de 1ª a 4ª série do primário.

Os seiscentos alunos matriculados dividiam-se em moradores do bairro e também de localidades mais distantes do centro da cidade. As crianças que moravam nessas regiões afastadas dirigiam-se à escola em companhia de seus pais. Estes, geralmente trabalhavam no bairro da escola como comerciantes de economia informal *(camelôs)*, balconistas, zeladores, faxineiros(as) e secretárias. As crianças que moravam próximas à escola, na maioria das vezes, eram filhos e filhas de zeladores ou empregadas domésticas, ocupações que exigem a permanência constante do profissional no local de trabalho. Tanto para as crianças que moravam em bairros mais afastados quanto para aquelas residentes no bairro da escola, a proximidade do emprego dos pais era um motivo central para a frequência.

Ocupei-me da Escola do Caminho durante quatro anos. Com a segunda, terceira e quarta séries do ensino fundamental, realizei observações nos pátios e nas salas de aula. Além disso, busquei, selecionei, li e analisei livros, artigos e relatórios de pesquisa sobre a temática "relações de gênero e educação escolar". Essas publicações eram originárias de países europeus, anglo-saxões e latino-americanos. Vale notar que entre as produções latino-americanas estão as obras brasileiras.

Assim, para alcançar o objetivo principal de conhecer as relações de gênero nas práticas escolares, mantive as observações na Escola do Caminho e, ao mesmo tempo, trabalhei longamente com grande conjunto de textos. Decodifiquei-os quando eles se apresentavam em outro idioma e, ao fazê-lo, traduzi teorias e conceitos. Esse conhecimento contribuiu muito para o desenvolvimento de minha pesquisa e deste livro. Espero ainda que possa auxiliar todos aqueles e aquelas que desejarem conhecer mais sobre o tema. Vale notar que as principais publicações desse mencionado conjunto estão no capítulo sobre sugestões de leitura e referências bibliográficas, ao final do livro.

Para leitoras e leitores mais *nacionalistas*, relembro que não é de hoje que a utilização de publicações internacionais traz benefícios às pesquisas brasileiras. Bom exemplo disso é a apropriação da categoria gênero, sobre a qual nos debruçamos no capítulo anterior. E na mesma situação de *importação* estão outros tantos conceitos, como "cuidado" e "masculinidades", construídos, respectivamente, com base nos estudos de Nel Noddings e de Robert Connel, ambos americanos.

Não diferente desses exemplos, este livro se beneficia de textos estrangeiros sem que isso o torne *um estranho no ninho* em meio às pesquisas educacionais.

Vamos, nos capítulos a seguir, nos encaminhar ao que a francesa Claude Zaidman chama de "o coração do estudo". Por um lado, saberemos quais interações entre meninos e meninas foram toleradas, encorajadas e induzidas nos diferentes espaços e atividades escolares. Por outro, pela raridade das aparições, saberemos quais foram as situações que não eram tão aceitas ou tão motivadas entre alunas e alunos. Nesse caso, o silêncio e a ausência de determinadas cenas podem ser tão relevantes quanto a presença do que aparece continuamente nas observações. Poderemos perceber, finalmente, certos modos, da quadra à classe, em que as relações de gênero são elementos significativos nas vivências de meninas e meninos.

"Quem vai sentar na fileira dos quietinhos?"
Disciplina e rendimento na sala de aula

Na Escola do Caminho, como na maioria das escolas, era comum que as professoras, e os adultos em geral, apenas dissessem "classe" ou "alunos", para se referirem aos meninos e às meninas. Essa não diferenciação, quando aplicada, era válida para o discurso, para a fala das pessoas, mas não necessariamente para as práticas.

O uso do *masculino genérico* é comum, pois se refere até mesmo à regra gramatical, que recomenda que, para dirigir-se a um grupo misto, as palavras utilizadas devem ser de gênero masculino. É por essa razão que, se tivermos em uma sala vinte meninas e apenas um menino, a regra gramatical ditará o uso da palavra "alunos". Vale notar que algumas professoras, pesquisadoras e feministas, ao subverterem tal regra, já adotam o gênero da maioria numérica (alunas ou alunos) ou utilizam os dois gêneros (alunas e alunos).

Diante dessa adoção do *masculino genérico*, é possível pensar, inicialmente, em duas hipóteses:

> ☹ As representações sobre o masculino e o feminino, além do sexo dos sujeitos, são utilizados para organizar as práticas escolares. São, contudo, silenciados nos discursos. Dessa forma, não se pensa sobre como a utilização desses elementos na organização do trabalho na escola pode promover situações de desigualdade.

> ☺ As professoras e demais adultos que trabalhavam na escola, mesmo sem refletirem sistematicamente a respeito, poderiam acreditar que estavam sendo igualitários em relação às crianças. Adotar essa discursiva *neutralidade* pode parecer melhor do que diferenciar meninos e meninas. Apesar da intenção ser boa, mais adiante veremos como o *neutro* é, na verdade, a consideração apenas do masculino como um padrão, sem nem lembrar que o feminino existe! ☹

Não é só no Brasil que as diferenças sexuais são apagadas oficialmente, ainda que não de maneira intencional. Claude Zaidman observou essa mesma ocorrência nas falas dos adultos franceses com relação à sala de aula. Nas práticas francesas, ao contrário, as diferenças de comportamento entre meninas e meninos eram utilizadas para facilitar a condução da classe e a manutenção da disciplina.

Tanto no Brasil quanto na França é possível dizer que as diferenças entre meninas e meninos são organizadoras do espaço social. Ou seja, o fato de as meninas serem consideradas as quietinhas e os meninos serem vistos como os bagunceiros são dados usados na hora de decidir quem vai sentar com quem e em quais lugares da sala.

No caso francês, por exemplo, geralmente as crianças eram organizadas em alternância nos assentos da sala de aula. Com o objetivo de manter a disciplina, os meninos sentavam-se com as meninas e as meninas sentavam-se com os meninos. O resultado disso, segundo as professoras, era meninos "estabilizados", ou seja, sem tanta possibilidade de dispersão, e meninas convertidas em "auxiliares pedagógicas". Tal "mistura" de meninas e meninos, segundo as mestras, garantiria o bom andamento da disciplina na sala de aula.

No Brasil, as professoras da Escola do Caminho, para obter ordem e disciplina, não juntavam meninas e meninos, como acontecia na França. Ao contrário, elas lançavam mão da "separação" dos grupos e fundamentavam tal partição nas diferenças sexuais.

No caso da escola brasileira estudada, as características tradicionalmente consagradas como femininas e masculinas eram utilizadas para obter disciplina. Um exemplo disso são as comuns e rotineiras situações nas quais as professoras pediam para as meninas fazerem mais silêncio e, assim, ajudarem na ordem da sala. Presenciei episódio em que, para tentar manter a classe em silêncio, a professora disse, em tom de reprovação: "Até as meninas estão matracas hoje!" Tal frase pode revelar a percepção de que a classe realmente estava fora de controle quando *até* as meninas estavam distantes do silêncio e da ordem esperados. Além disso, a frase revela que o uso da palavra pode ser distribuído e motivado de modo desigual entre meninos e meninas.

Nesse sentido, como mencionei, na Escola do Caminho, as professoras, ao se referirem às crianças, diziam expressões como "alunos" e "classe". Em oposição a essa "neutralidade" pedagógica, nas classes de 2ª, 3ª e 4ª séries, meninas sentavam-se com meninas e meninos com meninos, em colunas separadas. As duplas sentavam-se para trabalhar como elucidado no esquema a seguir:

Mesa da professora		Lousa				Porta	
♀	♀	♂	♂	♀	♀	♂	♂
♀	♀	♂	♂	♀	♀	♂	♂
♀	♀	♂	♂	♀	♀	♂	♂
♀	♀	♂	♂	♀	♀	♂	♂
♀	♀	♂	♂	♀	♀	♂	♂
1		2		3		4	

♀ = menina   ♂ = menino

Nas fileiras numeradas como um e dois, perto da mesa da professora, sentavam-se as crianças que mais interagiam com a educadora e entre si. Tal interação parecia ocorrer porque as crianças eram mais participativas ou mais ruidosas ou mais indisciplinadas (ou todas essas características juntas!). Nas fileiras denominadas três e quatro, perto da porta, sentavam-se as crianças mais quietas e que interagiam menos com a professora e com as demais crianças.

Dessa maneira, a relação parecia ser a seguinte: quanto mais perto da mesa da professora, mais participativa e inquieta parecia ser a criança. Porém, quanto mais perto da porta, menos interativa e menos ruidosa parecia ser a criança.

A observação dos fatores acima não guardava relação necessariamente com um rendimento ruim das crianças ao fazerem as lições. Não raro as crianças colocadas perto da porta (fileiras três e quatro) pareciam ser percebidas pela professora como aquelas que "rendiam bem". Elas conseguiam fazer os deveres e acompanhar a aula sem necessidade de serem supervisionadas tão de perto. Quanto às crianças sentadas perto da mesa da professora (fileiras um e dois), pareciam necessitar de um acompanhamento mais rígido e de uma supervisão mais atenta.

É importante ressaltar que na Escola do Caminho eram os meninos que marcadamente apresentavam "problemas de disciplina". Tal indisciplina dos garotos pode ser constatada em várias realidades. Pesquisas em livros e artigos de várias nacionalidades mostram que isso também ocorre em escolas francesas, catalãs e anglo-saxãs.

Destaco que as construções sociais sobre o masculino, assim como as ideias relativas ao que esperar de um menino, podem conter dados que associem os meninos à imagem de "bagunceiros" ou "ameaçadores da ordem". Além disso, a pesquisadora francesa Nicole Mosconi destaca que, devido à sua socialização, meninos têm maior facilidade para exteriorizarem sua recusa à autoridade da professora, contestando-a.

Homens e meninos teriam, por uma série de fatores, maior *facilidade* em recusar autoridade porque, de vários modos, esse é um comportamento mais aceito, ou quase esperado, dos seres que possuem pênis. E pobrezinhos daqueles que desejarem ser obedientes!

De fato, muitas vezes vi meninos indisciplinados andarem ou sentarem no fundo da sala para conversar e brincar, no mesmo momento em que o restante do grupo de crianças fazia alguma atividade pedagogicamente orientada pela professora.

Essa recusa espacial da autoridade da professora pode ser percebida como uma maneira de exercer certa independência e autonomia. E, por vezes, as professoras acabam considerando esse fato uma manifestação desejada e necessária de masculinidade. Algo que gira em torno do popular "menino muito quietinho é porque está doente".

Em relação às meninas, buscar autonomia e independência, ou mesmo se distanciar espacialmente dos adultos, podem ser atitudes percebidas como algo que não combina com o feminino. Mosconi relata que algumas professoras francesas entendiam a indisciplina das meninas até mesmo como um desrespeito no âmbito pessoal. Um dos efeitos dessa postura desigual das professoras diante da indisciplina de meninos e de meninas era a diferença de rendimento entre eles.

Na Escola do Caminho, as meninas usualmente tinham cadernos mais completos e organizados do que os meninos. Elas, muitas vezes, terminavam as tarefas e partiam para uma segunda atividade, planejada pela professora apenas "para quem acabasse a lição". Tal atividade consistia em fazer um desenho ou pintar uma gravura, prêmio para a criança que finalizasse a atividade principal.

Havia um grupo de meninos, geralmente o mesmo, que não acabava sequer a atividade principal proposta pela professora. Eles abandonavam as tarefas escolares passadas pela professora para conversarem, andarem pela classe ou desenharem. Embora nem todos fizessem isso, vale notar que, quando havia algum grupo impedindo, de modo ruidoso, o desenvolvimento do trabalho proposto pela professora, esse grupo era composto, na maioria das vezes, por meninos.

Dentre várias conclusões, é possível notar a atuação dos meninos como prejudicial ao desempenho escolar deles mesmos. Não vamos, contudo, nos deixar seduzir pela ideia de criar escolas separadas para os meninos, como se isso fosse *per si* melhorar a situação de escolarização destes.

E apesar do debate sobre escola mista *versus* escola separada ser realizado nos próximos capítulos, adianto que também não é possível sustentar, segundo observei, teses nas quais os meninos poderiam atrapalhar o rendimento escolar das meninas e, por essa razão, deveriam frequentar escolar separadas. O rendimento das meninas estava, de diferentes maneiras, salvaguardado.

No caso delas, a escola parece utilizar diferenciadas habilidades produzidas pela educação fora da escola, como na família, de modo que seja facilitado o rendimento na sala de aula. As demandas endereçadas às meninas reforçam uma apresentação exemplar de cadernos e deveres. O papel de "boa aluna que ajuda os colegas" é uma dessas demandas e corresponde a uma gratificação para as meninas. Por um lado, elas são aquelas que servem, estão à disposição para ajudar e atender as necessidades dos outros; por outro lado, elas angariam algum poder com isso, ao se relacionarem com as professoras e com as demais crianças, em um patamar diferenciado.

Esse retrato da tradicional socialização feminina é um modo de reforçar e perpetuar uma determinada divisão sexual do trabalho. Nessa divisão, as meninas e mulheres são as obedientes, cuidadoras, que trabalham duro e asseguram a ordem, sem jamais subvertê-la. Não é preciso pensar muito para saber que tal expectativa em relação às mulheres e meninas pode causar um tédio atroz, além de ser irreal, pois muitas mulheres não a seguem. Outras as seguem e, não raro, são infelizes por jamais saberem, por exemplo, quais são suas próprias necessidades e seus desejos.

Para meninos e homens, a demanda por comportamentos *rebeldes*, a fim de reafirmar a masculinidade, pode ser também bastante fantasiosa e "cansativa", tanto para eles quanto para quem os rodeia. E, para ilustrar essa mentalidade, há a antiga premissa popular que diz que "homem muito educado só pode ser gay" (!!!!). Então quer dizer que, se virmos uma mulher tendo algum comportamento que foge às regras da boa conduta, ela será lésbica? Pois saibam que tenho amigas lésbicas tão ou mais educadas que Lady Diana e amigos gays tão ogros quanto o carismático Shrek! As pessoas são mesmo diferentes, não importa quem elas amem ou com quem se deitem. São as diferenças entre as pessoas que fazem do mundo um lugar cada vez mais divertido para se viver.

"Até as meninas estão matracas hoje!"
O uso da fala e as interações com a professora

    Um outro ponto a ser destacado na Escola do Caminho era a predominância da ocupação do espaço sonoro pelos meninos dentro da sala de aula. Com isso quero dizer que algumas crianças falavam alto e o tempo todo e estas eram, na maioria das vezes, meninos.

    Impor-se pela palavra significa geralmente, em nossa sociedade, capacidade de liderança. Na escola, tal comportamento correspondia a isso e também a uma maneira de perturbar o bom desenvolvimento dos trabalhos em sala de aula.

De um modo ou de outro, tomar a palavra era um fator de poder na Escola do Caminho e surtia como efeito chamar a atenção da professora. Assim, ela interagia com mais frequência com os meninos falantes, o que demonstrava diferenças na relação entre professora/aluno e professora/aluna.

Nessa perspectiva, há mais um ponto a ser observado quanto à motivação que os meninos receberiam para não serem bons alunos. Alguns meninos que respondiam corretamente às perguntas da professora e faziam todas as lições pareciam gozar de tanta liderança quanto os meninos que faziam a classe rir e desconcentravam as demais crianças com gracejos e brincadeiras. A dominação dos meninos era recorrente em ambos os casos, embora encenando diferentes lugares de destaque. Na Escola do Caminho, tomar a palavra, ou seja, falar na sala de aula, para a maioria dos meninos correspondia também à tomada de poder.

As meninas falavam entre elas. Conversavam, sobretudo, com a colega que se sentava imediatamente ao lado. Comumente falavam mais baixo que os meninos. Estes, por vezes gritando, estabeleciam comunicação com os meninos e as meninas sentados ao seu redor e também em fileiras mais distantes. As meninas pareciam dirigir a palavra mais às professoras, quando pediam explicações sobre execução de tarefas. As professoras, entretanto, falavam mais com os meninos, para pedirem silêncio, participação e atenção ao que se passava na lousa ou para a execução de exercícios. Assim, como na *Quadrilha*, do poeta Carlos Drummond, as meninas falavam com a professora, que falava com os meninos, que falavam com todo mundo, mas geralmente não obedeciam ninguém.

Nesse sentido, duas pesquisadoras francesas, Annick Durand-Delvigne e Marie Duru-Bellat, consideram as interações pedagógicas menos estimulantes para as meninas. Estas, por participarem de uma dinâmica em sala de aula dominada pelos meninos, aprendem que suas contribuições têm pouco valor e que a melhor solução consiste em se retrair.

De fato, segundo minhas observações na Escola do Caminho, verifiquei que as meninas pareciam agir como se sua melhor contribuição fosse auxiliar a professora na manutenção da ordem da classe. Os meninos eram os mais repreendidos quanto à disciplina, mas eram as meninas as mais exigidas nas tarefas.

E a essa altura já demorei em lembrar leitoras e leitores que não acho as professoras más ou "machistas". Acredito apenas que algumas professoras podem temer a contestação de valores e papéis tradicionalmente consagrados. Talvez se pense que tal questionamento abale valores éticos, como a família e a imagem das mulheres como "civilizadoras". É possível reverter esse quadro com sensibilização, estudo, formação e debate, processos para os quais este livro pretende contribuir. Continuando...

Apesar das demandas por disciplina diferenciadas para meninas e meninos, as meninas não constituíam, na Escola do Caminho, um grupo mais retraído. De toda forma, havia diferença entre os modos de meninas e de meninos se exporem.

Os meninos expressavam-se com movimentos mais amplos e falavam mais alto do que as meninas. Além disso, corriam, davam empurrões e faziam ameaças diante de contrariedades. Os modos de falar eram permeados por xingamentos e frases curtas. Na maioria do tempo, essa *maneira de estar no mundo* lhes rendia a garantia de ocupar e dominar os espaços físico e sonoro.

As meninas, de outro modo, conversavam bastante entre si e de maneira articulada. A maior parte do tempo pareciam ser mais falantes e mais risonhas que os meninos.

As diferenças entre meninas e meninos certamente não são naturais. Meninas que aparentam meiguice ou meninos que falam aos gritos são resultantes do modo como as relações de gênero foram construídas na nossa sociedade ao longo do tempo.

Há um livro considerado clássico sobre educação e diferenças de comportamento entre meninos e meninas. Ele se chama *O descondicionamento da mulher: educar para a submissão*, escrito pela italiana Elena Belotti. Ao valer-se de pesquisas, ela obteve a descrição de determinado padrão acerca do masculino e do feminino. Esse modelo, uma vez construído em nossa sociedade, pode estar ainda em ação na escola. Vamos ver, em quadro comparativo baseado na obra de Belotti, o que é tradicionalmente esperado de meninos e de meninas:

Meninos	Meninas
Dinâmicos, barulhentos e agressivos.	Apáticas, tranquilas, dóceis e servis.
Indisciplinados e desobedientes.	Disciplinadas e obedientes.
Negligentes; não são aplicados.	Metódicas e cuidadosas; são perseverantes.
Escrevem devagar, são desarrumados e sujos.	Arrumadas, conservam-se limpinhas e asseadas.
Autônomos, não dependem, com constância, de afeto, aprovação e auxílio.	Dependentes do conceito da professora, pedem aprovação e ajuda com frequência.
Seguros; não choram com facilidade.	Choronas e emotivas.
Solidários com outros do mesmo sexo e com aguçado senso de amizade.	Fracas de caráter e pouco solidárias com as colegas.

As descrições acima são caricaturas e, como tal, acentuam e exageram até deformar os traços considerados característicos e tradicionais.

Os meninos e as meninas da Escola do Caminho estão longe de apresentarem exatamente o que narra o quadro de oposição de meninos e meninas. As relações de gênero transformam-se e são mais dinâmicas do que as caricatas descrições feitas pela pesquisadora italiana na década de 1970. De todo modo, tais traços cristalizados rotineiramente aparecem como pano de fundo no cotidiano escolar. As práticas escolares ora confirmam ora rechaçam esse modelo.

Boa expressão desse processo são os livros didáticos. Estes representam verdadeiros modelos para meninas e meninos e garantem, no interior do sistema educativo, lugar de destaque para as desigualdades. Nesses livros, numérica e qualitativamente, mulheres, meninas e pessoas não brancas ainda estão sub-representadas. Tais materiais didáticos acabam sendo mais um modo de reforçar imagens e práticas hierarquicamente diferenciadas entre o masculino e o feminino.

Apesar disso, em setores do meio acadêmico, há certa sensação de *problema resolvido* e de *questão ultrapassada* quando se fala em estudos de gênero nos livros didáticos. Tal percepção, provavelmente, não é compartilhada por estudiosas e educadoras cuja proximidade da realidade escolar brasileira é, além de teórica, física.

É verdade que no Brasil muito já se pesquisou e se escreveu sobre desigualdades e preconceitos nos livros didáticos. Também é certo que a questão está longe de ter uma solução. A exemplo da creche, bandeira de luta dos primórdios do movimento feminista que ainda não foi conquistada por todas as mulheres e crianças brasileiras, os livros didáticos não expressam as melhores convicções igualitárias entre o feminino e o masculino. Que isso soe como um convite! Que as estudantes, os pesquisadores, as feministas e os professores desejem pesquisar, analisar, denunciar e transformar os livros didáticos brasileiros.

"Ela é a menina que brinca com a gente"
O aprendizado da separação nas brincadeiras e jogos no pátio

Talvez já tenha dado para notar que a observação de situações e atividades escolares pode informar onde e como aparecem diferenças, polaridades e assimetrias de gênero no cotidiano escolar.

Por essa razão, relembro quão reveladoras podem ser tanto as interações toleradas e encorajadas entre meninas e meninos quanto as aproximações não tão aceitas e não motivadas entre alunas e alunos.

Ao considerar como meninas e meninos são separados ou misturados, podemos ter uma ideia do modo como as relações de gênero são consideradas na escola. A esse processo podemos dar um nome de *o jogo mistura-separação*.

Ao olhar a sala de aula, foi possível notar a predominância da separação entre meninas e meninos, expressa até mesmo pela disposição das carteiras. No pátio da Escola do Caminho, a primeira impressão era que vigorava uma indistinta mistura de meninos e meninas.

Inicialmente, parecia haver "divisões na sala de aula" e "misturas no pátio". Contudo, pouco a pouco, foi possível perceber que nesse espaço, na Escola do Caminho, também havia separação. Notei ainda que as misturas e as separações de meninos e meninas não correspondiam sempre às misturas ou separações do masculino e do feminino.

Aqui cabe uma ressalva, que nos permita pensar a categoria gênero. Um grupo exclusivamente de meninas ou apenas de meninos, ao brincar, aciona relações de gênero nas quais o masculino e o feminino estão em jogo. Com isso quero dizer que as representações acerca do masculino e do feminino estão presentes nas práticas, a despeito do sexo dos sujeitos integrantes dos grupos. Como veremos, esse é um dos motivos pelos quais de nada adianta educar meninos e meninas em escolas separadas, posto que os arranjos de gênero continuam sendo desiguais nessas segregadas realidades. Vamos voltar para o que acontecia no pátio da Escola do Caminho.

Por vezes a separação era transposta da sala de aula para o pátio. Meninas andavam, brincavam e sentavam-se na classe e no pátio com as mesmas meninas. E os meninos também faziam a maioria das atividades de pátio com os meninos com quem mais ficavam na sala de aula. A mistura entre meninas e meninos parecia mais possível de ocorrer à medida que, individualmente, meninas ou meninos se colocassem e se impusessem nos grupos do sexo oposto ao seu.

Nesse sentido, pude observar, ao longo da maioria dos recreios, que apenas uma menina da quarta série brincava sistematicamente com os meninos. Embora ela fosse identificada por eles como uma "menina que brinca com a gente", durante as brincadeiras, ela era tratada como mais um membro do grupo, sem diferenciações pelo fato de ser menina.

Para entrar e sair da classe, as filas de todas as séries eram divididas em "fila dos meninos" e "fila das meninas". A menina da quarta série andava na fila dos meninos, assumindo o lugar oposto ao seu na divisão das filas.

Perguntei para a menina por que ela andava naquela fila e ela respondeu apenas com um sorriso. No final de um dos recreios, quis saber por que ela brincava com os meninos e ela disse que gostava de "correr bastante".

De fato, a maioria das meninas não se ocupava no recreio com brincadeiras que as fizessem correr muito. Quanto à específica menina da quarta série, muitas vezes voltava para a classe suada e vermelha, demonstrando extrema satisfação em seu estado ofegante.

Na sala de aula, ela se sentava com as meninas, respeitando a divisão esquematizada anteriormente. Parecia ser aluna concentrada e fazia as lições conforme as expectativas da professora, sem problemas de disciplina.

Vale ressaltar que ela transitava tanto nos grupos de meninas quanto nos de meninos. Embora parecesse preferir brincar de futebol ou pega-pega com estes, por vezes, também lanchava e conversava com aquelas. Notei, pouco a pouco, que havia, no caso da menina da quarta série uma relação entre a sua popularidade e as suas bem-sucedidas tentativas de avançar as fronteiras das relações de gênero na Escola do Caminho.

A relação entre popularidade e relações de gênero, contudo, pode não ser a única explicação. Será que alguns comportamentos e atitudes são mais tolerados nas meninas do que nos meninos? Uma menina jogar futebol causa tanto estranhamento quanto um menino brincando de boneca ou de casinha, em meio a panelinhas e minifogão?

Muitas são as reflexões fundamentadas em casos singulares como o da menina da quarta série. São exemplos de como alunos e alunas reagem e resistem aos modelos tradicionais de masculino e de feminino. Os jogos e as brincadeiras dos quais participavam a maioria de meninas e meninos, no pátio, também são expressivos. Eles podem revelar como as relações de gênero entre as crianças vão sendo construídas e, ao mesmo tempo, fabricam meninas, meninos, homens e mulheres.

As atividades de pátio, das quais as crianças se ocupavam no recreio, podem ser agrupadas em quatro categorias:

👧👧 Atividades exclusivas das meninas.

👦👦 Atividades exclusivas dos meninos.

👧👦 Atividades mistas (com meninas e meninos) sem predominante reforço de desigualdade entre o masculino e o feminino.

👧👦 Atividades mistas (com meninas e meninos) com claro reforço de desigualdade entre o masculino e o feminino.

👧👧 Atividades exclusivas das meninas

1) Lanchar e conversar, sentadas nas muretas e nos cantos do pátio, em trios ou duplas. Tal atividade era raramente realizada

em grandes grupos. Quintetos ou grupos maiores são mais comuns em se tratando dos meninos, na maioria de suas atividades. Duplas ou trios eram mais usuais nas atividades feitas apenas pelas meninas. Como conteúdos das conversas figuravam os passeios com familiares, programas de televisão com temáticas infantis, brinquedos desejados ou já conquistados.

2) Passear pelo pátio em duplas ou trios para lanchar e conversar.

3) "Pular elásticos" em quartetos ou trios. Os elásticos tinham, em média, dois metros e eram emendados nas pontas. Duas meninas colocavam o elástico em suas pernas, esticavam-no e uma terceira menina pulava no meio do elástico. Esta fazia saltos em uma sequência com passos específicos que, uma vez acertados, a fariam jogar novamente ou dar a vez para a menina seguinte. Importante ressaltar que as meninas pulavam elástico nas beiradas das quadras e pátios, cujos centros eram ocupados pelo futebol dos meninos.

Atividades exclusivas dos meninos

1) Futebol, no qual times eram formados por meninos de várias salas e idades. Os meninos mais presentes nos jogos eram os de segunda, terceira e quarta séries. Eles ocupavam, ao todo, com as partidas, três quadras e o pátio. A Escola do Caminho era estadual e uma dupla de policiais (um homem e uma mulher) também supervisionava o recreio. O policial homem arbitrava os jogos de futebol, nos quais os conflitos entre os meninos eram mais comuns devido às discordâncias de regras e jogadas.

2) Lutas em pequenos grupos. Por volta de seis meninos combinavam quem seria qual super-herói ou vilão e as perseguições e lutas eram "travadas". Tal atividade era mais comum com meninos de primeira e segunda séries. O contato físico era pequeno. As lutas correspondiam a uma coreografia acompanhada de sons que as crianças faziam para imitar os efeitos especiais dos desenhos animados.

3) "Bafo", jogado em grupos de oito a dez participantes. Meninos de todas as séries e idades se reuniam para "bater" figurinhas com as mãos e, ao conseguir virá-las, ganhá-las dos colegas. Uma dupla jogava agachada no chão e o restante do grupo observava, "torcia" e esperava sua vez para jogar. Algumas discordâncias em relação às jogadas aconteciam, mas logo eram arbitradas pelos próprios integrantes do grupo, sem a necessidade da interferência de adultos.

Atividades mistas (com meninas e meninos) sem predominante reforço de desigualdade entre o masculino e o feminino

1) Jogar "queimada", isto é, participar de jogo com bola e duas equipes mistas. Vinte crianças ao todo jogavam, apesar de não haver limite de participantes. Apenas uma quadra era ocupada, contra as três quadras ocupadas pelo futebol. O objetivo era arremessar a bola e fazer que ela batesse no corpo dos/das componentes do time adversário. Ao ser "queimado(a)" pela bola, o(a) jogador(a) estaria fora do jogo. Ganhava o time que antes queimasse todos(as) os(as) participantes do time opositor.

2) Pular corda era uma atividade de meninos e meninas de todas as séries. As crianças pulavam e todos contavam quantos pulos eram dados. Assim que a criança errasse o pulo, dava a vez à outra que estivesse na fila aguardando.

3) Dança de ritmos como *funk* e axé. Uma criança ou um pequeno grupo começava a cantar e dançar. Logo, mais meninas e meninos de várias idades se juntavam ao grupo inicial. As professoras criticavam a atividade por julgarem vulgares o conteúdo das canções e os movimentos das coreografias. De fato, um vez considerados esses fatores, a dança poderia ser uma atividade na qual a desigualdade seria reforçada. Contudo, agrupei-a na presente categoria, pois meninos e meninas dançavam e cantavam juntos executando os mesmos movimentos.

Atividades mistas (com meninas e meninos) com claro reforço de desigualdade entre o masculino e o feminino

1) "Beijo, abraço, aperto de mão" ou "Uva, pera, maçã, salada mista". Apesar dos nomes diferentes, eram o mesmo jogo, do qual participavam meninos e meninas de todas as séries. Com olhos tampados pela mão de outra criança, escolhiam se queriam, dos(as) colegas que estavam dispostos(as) em fila, um beijo no rosto, um abraço ou um aperto de mão. A criança escolhia "às escuras" uma das crianças da fila e também, ainda de olhos tampados, ela faria a opção por um beijo, um abraço, um aperto de mão ou a "salada de fruta" (beijo + abraço + aperto de mão). A escolha de uma menina por um menino e vice-versa era motivo para gritarias. Nesses casos, o beijo, o abraço ou o aperto de mão se revestia de caráter "obrigatório", quase punitivo. Por essa razão, meninas e meninos que se viam "obrigados" a terem contato físico faziam expressões de nojo e caretas ao tocarem os colegas do sexo oposto. Interessante notar que, mesmo de olhos tampados, jamais presenciei um menino escolher outro menino. Era comum meninas escolherem outras meninas sem que isso causasse alarde.

2) "Menino pega menina" e "Menina pega menino", como uma "releitura" do conhecido e comum pega-pega. Essa atividade tinha a predominante participação das crianças das terceiras e quartas séries. O grupo dos meninos perseguia as meninas ou o grupo das meninas perseguia os meninos. Na Escola do Caminho, era mais comum a perseguição das meninas pelos meninos. Eles as perseguiam e puxavam seus cabelos. Algumas meninas, mesmo depois de pegas, continuavam sendo perseguidas e tendo os cabelos puxados. Em determinado dia de observação, pude notar uma das meninas da terceira série quase aos prantos sendo perseguida sem, contudo, sair da brincadeira ou pedir ajuda a algum adulto. Resolvi perguntar para os meninos, nesse dia, porque eles perseguiam especialmente aquela menina e não paravam de

puxar seus cabelos. Um dos meninos, colega de classe da menina, respondeu que "mulher tinha mesmo que apanhar" e que "se ela quisesse que eles não puxassem o cabelo dela, que fosse para escola com ele (o cabelo) preso". A situação de grupos de meninas perseguindo meninos era menos diária. As meninas, ao pegarem os meninos, davam-lhes tapas nas costas e "chacoalhões", segurando-os pelos braços e puxando-os pelas camisetas.

Como adiantei anteriormente, os jogos e as brincadeiras dos quais participavam a maioria de meninas e meninos, no pátio, podem traduzir como as relações de gênero entre as crianças são construídas e, ao mesmo tempo, como se fabricam meninas, meninos, homens e mulheres.

O que, por exemplo, é possível notar ao observar o tipo de pega-pega acima descrito e a ocupação da maioria das quadras com o futebol? É possível perceber nos meninos uma tendência maior de dominar grandes espaços. A maior mobilidade espacial também é depreendida da presença dos meninos em todas as atividades nas quais era necessário correr e expressar-se com o corpo de modo amplo.

Esse envolvimento dos meninos em atividades mais dinâmicas foi observado de diferentes maneiras em várias pesquisas. São estudos que descrevem realidades escolares de outros países da América Latina e da Europa (algumas dessas pesquisas estão no capítulo sobre sugestões de leitura). São potentes expressões de como as relações de gênero influenciam a maneira como meninos e meninas se expressam corporalmente e, de modo claro, aproveitam diferente e desigualmente o elenco de movimentos, jogos e brincadeiras possíveis.

As atividades no pátio seriam jogos nos quais separação e mistura expressam nítido recorte acerca do masculino e do feminino. A autora francesa Claude Zaidman considera tal recorte uma demarcação do masculino e do feminino, espaços simbólicos nos quais estariam garantidas e aprisionadas as características polarizadas de um e de outro gênero.

Os jogos e as brincadeiras nos quais haveria reforço de desigualdade, assim como aqueles exclusivos para os meninos, colocariam em cena certa *violência natural dos meninos*, para a qual só poderia fazer frente à autoridade do policial que arbitrava os jogos de futebol, máximo momento de conflito entre os meninos.

A dominação do espaço do pátio pelos meninos permite reconsiderar simbolicamente a separação entre o espaço privado, atribuído às mulheres, e o espaço público, tradicionalmente masculino. De um lado, a liberdade de movimento e a violência potencial, do outro, a abstenção e as vítimas potenciais. Isso pode ser notado, por exemplo, nas atividades exclusivas das meninas, sentadas nas muretas e nos cantos do pátio, ao conversarem, ou no relatado episódio do "Menino pega menina".

Alguns acontecimentos na Escola do Caminho podem ser enquadrados no registro da *violência simbólica*, que consiste, segundo Pierre Bourdieu, em uma *coação pelos corpos*. Para o sociólogo francês, com a masculinização dos corpos masculinos e a feminização dos corpos femininos, opera-se a somatização do livre-arbítrio cultural.

Não sem alguma dor (não apenas física), os movimentos exigidos e propiciados pelos jogos e pelas brincadeiras iam adequando os corpos de meninas e de meninos ao masculino e ao feminino. Nos jogos e nas brincadeiras, meninos e meninas se misturariam, cada qual em um "corpo a corpo" diferente. As meninas passeavam em duplas, de mãos dadas, com intimidade, confidência e presença discreta no espaço. Os meninos lutavam, ameaçavam e pressionavam os que passavam por eles.

Assim, as atividades analisadas demonstram o que denomino como *aprendizado da separação*. O que ocorria no pátio, e também na sala de aula, indicava uma definição, para as crianças, do que é masculino e do que é feminino.

Predominantemente, havia jogos barulhentos e agitados, a serem realizados pelos meninos, e jogos mais discretos e limitados no espaço, como "pular elástico", a serem realizados pelas meninas. Os meninos ocupavam o centro de pátios e quadras, em todos os recreios. Às meninas restava os cantos laterais do pátio para pularem elástico e se sentarem. Não observei nenhuma atividade de pátio, na hora do recreio ou na hora da entrada, na qual apenas as meninas (ou elas predominantemente) ocupassem espaços amplos das quadras, como é o caso do futebol para os meninos.

Na Escola do Caminho parecia haver, portanto, um conjunto de movimentos dos meninos e outro conjunto de movimentos das meninas. Nesse sentido, há de se fazer uma ressalva para as danças de axé ou *funk*, promovidas pelas crianças. Tais coreografias cantadas podem ser percebidas como uma *atividade de fronteira*, na acepção utilizada para tal expressão pela americana Barrie Thornie.

De acordo com Thornie, nessas atividades de fronteira não havia ações "de menina" ou "de menino" e todos exerciam os mesmos movimentos e habilidades para brincarem. As danças seriam, ao lado da queimada e do pular corda, uma maneira de "borrar" as tradicionais fronteiras entre o masculino e o feminino.

Em última análise, tais jogos e brincadeiras poderiam fornecer dados necessários para a passagem de uma escola que é apenas mista para uma real experiência coeducativa, na qual os jogos remeteriam às competências a serem desenvolvidas igualmente por meninos e meninas. As brincadeiras seriam de todos que quisessem reinventá-las cotidianamente. As quadras e os pátios poderiam ser ocupados segundo diferentes objetivos que não apenas o desenvolvimento da agilidade e da força.

Misturar é o bastante para mudar?
Quando escola mista e coeducação não são sinônimos

No final do capítulo anterior afirmei que jogos e brincadeiras podem fornecer dados para a passagem de uma escola mista para uma real experiência coeducativa. Essa afirmação pode suscitar dúvidas.

Então quer dizer que escola mista não é sinônimo de coeducação? Mas meninas e meninos frequentarem a mesma escola, a mesma classe, não significa que essa escola é mista ou que ali ocorre coeducação?

A resposta a essas perguntas antagônicas é sim. Geralmente escola mista e coeducação são termos utilizados como sinônimos. Contudo, trata-se de palavras que podem ser diferenciadas para que os sentidos se multipliquem e novas abordagens transformadoras sejam potencializadas. Não é só com "escola mista" e "coeducação" que esse fenômeno pode ocorrer.

Um exemplo disso é a distinção proposta pela socióloga Maria Victoria Benevides entre os termos "educação para a democracia" e "educação democrática". A educação democrática corresponde ao processo educacional permeado por regras democráticas – igualdade diante das normas e do uso da palavra – durante seu desenvolvimento. A educação para a (e na) democracia, de maior profundidade e abrangência, ocupa-se da formação dos sujeitos para a vivência de valores republicanos e democráticos. Trata-se de educação que motiva o desenvolvimento da dignidade e fomenta a solidariedade. A educação para a democracia consiste ainda na cidadania ativa, ou seja, na formação para a participação efetiva na vida pública, como governante ou cidadão comum.

A socióloga diferencia os termos para nos alertar que a existência de uma educação democrática não garante a educação para a democracia. Fazer que alunas e alunos participem das escolhas e da construção das normas e regras escolares é, sem dúvida, positivo. Tais medidas, contudo, correspondem apenas à educação democrática, porém não asseguram a educação para a democracia. Para alcançar esta última, há de se desenvolver espíritos igualitários e fraternos. Assim, a educação para a democracia precisa da educação democrática como um instrumento, mas esta não é suficiente para garantir a implementação daquela. Da mesma forma, o fato de as meninas e os meninos frequentarem juntos a escola não garante que haja coeducação.

Diferencio escola mista de coeducação para alertar que a "mistura" de meninas e meninos no ambiente escolar é insuficiente para o término das desigualdades. Isso só irá ocorrer quando, além de garantir a convivência entre os sexos masculino e feminino, também forem combatidas a separação e a oposição dos gêneros masculino e feminino.

Pode revelar-se estéril a simples coexistência entre os sexos se houver o *aprendizado da separação*, sobre o qual os capítulos anteriores se debruçam. Apenas a escola mista não garante questionamento a esse respeito. Ao contrário, meninos e meninas apenas juntos, sem maiores reflexões pedagógicas sobre as relações de gênero, pode redundar em aprofundamento das desigualdades.

E, nesse sentido, não estou a defender as escolas separadas. Defendo as escolas mistas com sistemática reflexão sobre a coexistência de meninos e meninas. Defendo ainda o debate sobre o que é, na nossa sociedade, o masculino e o feminino. Afinal, qual masculino e qual feminino queremos na realidade escolar e fora dela?

Defendo, portanto, a implementação de uma política de coeducação. Esta, como será detalhado adiante, é percebida, no âmbito deste livro, como uma política pública propositiva e implementadora de modos de pensar e transformar as relações de gênero na escola. A coeducação é aqui entendida ainda como uma maneira de questionar e reconstruir as ideias sobre o feminino e sobre o masculino, estes percebidos como elementos não necessariamente opostos ou essenciais.

A coeducação como política pública e a educação para a democracia podem ser comparadas ao que a filósofa húngara

Agnes Heller chama de *ideia prático-regulativa*. São ideias prático-regulativas, pois não existem ainda em fato, como são descritas discursivamente pelas teóricas que as idealizaram. No entanto, elas podem, apesar de todas as barreiras e dificuldades, vir a existir, até porque é isso que se precisa e deseja como condição para uma sociedade mais justa.

É possível afirmar ainda que *não há educação para a democracia sem coeducação*. A escola só será uma instituição comprometida com o fomento da solidariedade e desenvolvimento da dignidade quando também estiver comprometida com o término das desigualdades entre o masculino e o feminino.

A coeducação, assim como a educação para a democracia, só existirá se fundada em um conjunto de ações adequadas e sistematicamente voltadas para sua existência e manutenção. Figura, nesse aspecto, o enorme valor das práticas pedagógicas para levar a bom termo tais ideais. Nessas práticas pedagógicas, os sujeitos são professoras, alunos e alunas.

Nessa direção, percebo certa conjuntura no sistema de ensino brasileiro na qual alunas, alunos, professoras, agentes escolares, diretoras, coordenadores e pesquisadoras podem estar em uma fronteira. Nesta, de um lado, estão as práticas escolares nas quais as relações de gênero ainda são desiguais e polarizadas e, de outro, a possibilidade de construção de um projeto de coeducação. Travar o debate sobre essas práticas pode ser um modo de cruzar tal fronteira e implementar uma política educacional de igualdade de gênero no Brasil.

Assim, a escola mista é um meio e um pressuposto para haver coeducação, mas não é suficiente para que esta ocorra. Em uma escola mista, a coeducação pode se desenvolver, mas isso raramente acontecerá sem medidas explicitamente guiadas em que objeto seja o fim da desigualdade de gênero. Nesse sentido, a Escola do Caminho, como a maioria das escolas brasileiras, era mista sem ser coeducativa e, portanto, não educava, de modo sistemático, para a democracia.

Uma boa metáfora para a coexistência de meninos e meninas na maioria das escolas brasileiras é a popular dança de quadrilha. Nela, meninos e meninas estão juntos, porém apartados. Símbolos das relações de gênero, os movimentos cadenciadamente divididos ditam o que devem fazer as "damas" e como devem se portar os "cavalheiros". As damas ficam de um lado e os cavalheiros de outro. Os pares permanecem por um tempo em lados opostos. Ao se unirem para dançar o "balancê", meninas dançam com meninos e meninos com meninas. Quando os pares se separam, formam-se duas rodas, uma dentro da outra. Na roda externa, cavalheiros não dançam. Eles apenas batem palmas e assistem à dança das damas, na roda interna. Seria uma metáfora para os lugares que homens e mulheres devem ocupar nas esferas pública e privada?

Enfim, para acabar com as dúvidas ou para alimentá-las ainda mais, apresento um quadro-resumo com as ideias principais deste capítulo.

 A distinção entre os termos *escola mista* e *coeducação* é pela primeira vez proposta por mim neste livro, com a finalidade de fortalecer o debate sobre educação e relações de gênero.

 Não há coeducação sem escola mista, mas pode haver escola mista sem que haja coeducação.

 A coeducação só existirá se fundada em um conjunto de ações adequadas e sistematicamente voltadas para sua existência e manutenção.

 Não haverá transformação – para efetivamente democratizar a rede de escolas mistas – sem a vivência da coeducação.

Será que sempre foi assim?
Um breve histórico sobre a escola mista

No capítulo anterior foi possível notar que a distinção entre os termos *escola mista* e *coeducação* nos alerta sobre uma percepção equivocada: uma vez que meninas e meninos juntos frequentam a escola, já teria sido fornecida toda a contribuição, de maneira oficial e sistemática, para o término das desigualdades entre os gêneros.

Tal ideia não é verdadeira. Colocar meninas e meninos juntos na escola não é o suficiente para a promoção de relações de gênero nas quais o masculino e o feminino sejam repensados e valorizados com a mesma intensidade. A escola mista seria apenas uma das muitas medidas necessárias para implantar uma política pública coeducativa. Esta contaria com outras diretrizes para ações cotidianas na escola.

Chegar a esse conjunto de ideias foi possível graças às informações sobre a história da educação conjunta de meninos e meninas. Nesse sentido, o conhecimento histórico é importante, pois, se acessado, revela as práticas escolares como construções passíveis de transformação.

No Brasil, a maioria das pesquisas sobre relações de gênero não contempla a discussão da escola mista. Presenciamos algum debate apenas sob a ótica de breves artigos da grande imprensa ou de *best-sellers* que beiram a autoajuda. Felizmente, em contrapartida, para algumas pesquisadoras francesas, espanholas, alemãs, italianas e inglesas, abordar as relações de gênero na escola é também tocar, sob diferentes pontos de vista, na discussão sobre a convivência escolar de meninas e meninos e sobre a conveniência de homens e mulheres receberem uma mesma educação.

Marina Subirats Martori, socióloga catalã, considera como a escola mista variou historicamente segundo os padrões socialmente aceitos para a educação das mulheres. A escola mista foi percebida inadequada e ridícula nos mesmos momentos em que a educação das mulheres era assim vista.

A defesa da escola conjunta para meninas e meninos sempre correspondeu à busca por maior igualdade, mesmo em épocas nas quais eram dominantes as opções educativas que propunham assumidamente a separação. No mesmo sentido, para a italiana Anna Maria Piussi, a polêmica entre escola mista ou educação separada é um tema socialmente proposto de tempos em tempos, sem nunca ter sido esgotado. Trata-se de debate que, ao longo da história, pode revelar as dinâmicas mudanças sociais das relações de gênero.

O sistema de ensino, como o conhecemos, teve seu início na Europa, em meados do século XVIII. Naquele momento, a educação de homens e mulheres era muito diferenciada. Meninos e meninas desempenhariam destinos sociais distintos e, portanto, o modo de ensinar a ambos deveria ser diferente.

Era normal a educação feminina desenrolar-se em torno da aprendizagem de trabalhos domésticos e com a supressão dos conteúdos prescritos para os meninos. Essa modalidade de educação foi adotada sob o argumento de que as meninas não deveriam estudar nem necessitavam de "cultura", pois isso as desviaria de suas principais funções de esposa e mãe. A possibilidade de instrução básica para o conjunto das mulheres era extremamente reduzida e o acesso aos estudos médio e superior era proibido.

No final do século XVIII e começo do XIX, algumas opiniões de mulheres pertencentes, em sua maioria, à aristocracia, defendiam a necessidade de instruir as meninas. Essa necessidade de escolarização das mulheres relacionava-se, contudo, à percepção das mulheres como as primeiras educadoras das futuras gerações. Tratava-se de uma educação para beneficiar os filhos, mais do que as mulheres.

Na segunda metade do século XIX, em algumas regiões da Europa, como a Itália, o debate sobre escola mista e educação separada esteve ligado aos primeiros movimentos de emancipação feminina. A partir desse momento histórico, embora não de modo generalizado, a escola mista passou a ser relacionada à emancipação das mulheres e ao desenvolvimento civil e econômico da sociedade.

No século xx, desde o final da Segunda Guerra Mundial, a escola mista foi sendo implantada nos sistemas públicos de instrução dos países democráticos ocidentais de todo o mundo. A união de meninos e meninas na escola foi-se impondo como parte dos processos de democratização e de modernização das sociedades ocidentais.

Essa percepção igualitária não foi facilmente alcançada como consenso e, até os dias de hoje, causa controvérsia. Apesar disso, oferecer educação para meninas e meninos nas mesmas escolas, e nas mesmas classes, começou a se tornar um valor dificilmente contestável.

As especificidades políticas e religiosas das diversas regiões e países também foram responsáveis pelas diferentes apropriações das premissas de igualdade educacional para meninos e meninas.

Nos Estados Unidos e nos países do norte da Europa – como Noruega, Finlândia, Suécia – vinculados ao protestantismo, a prática da escola mista foi implantada já no século xix. Porém, na maioria dos países europeus vinculados ao catolicismo – como Espanha, Itália, França, Portugal, Bélgica e Inglaterra –, a escola mista despertava, ainda no século xx, oposição e era prática minoritária nos sistemas de ensino.

A Espanha e a França são países exemplares do modo como a conjunção de fatores políticos e religiosos pode representar um entrave às propostas pedagógicas mais progressistas. Na Espanha, como consequência de experiências em instituições públicas e privadas, as escolas mistas foram se impondo. Travou-se, então, uma luta entre setores progressistas da sociedade e setores vinculados à Igreja. Estes demonstravam, com argumentos morais e religiosos, a perniciosidade da educação conjunta.

Ao final da Guerra Civil, a expansão da escola mista sofreu estagnação por longo período. A legislação proposta no governo do general Francisco Franco proibia a educação mista. E, para entender quem é o tipo de pessoa que se opõe à escola mista, é bom saber quem foi essa figura histórica.

Ultraconservador, católico tradicionalista, antidemocrático e anticomunista, o general Francisco Franco foi o responsável pela implantação, com um golpe, de regime ditatorial. Com o apoio da direita fascista, o *franquismo* acometeu a Espanha de 1939 a 1975. Como é comum ocorrer nas ditaduras, o período franquista representou um retrocesso para as mulheres do ponto de vista profissional e educacional. A educação separada foi fator decisivo nesse processo de desvalorização das mulheres. Apenas em 1970, a Lei Geral de Educação anulou a proibição da escola mista e criou condições legais para a sua reimplementação e extensão.

Na França, quando a Igreja ainda era a única promotora institucional da educação, predominava a posição contrária à educação em conjunto de meninas e meninos. A partir da Revolução Francesa, reforçou-se a separação dos sexos. Ironicamente, dentre as muitas transformações resultantes desse processo contra o absolutismo, as mulheres permaneceram excluídas da escola e das urnas. A proposta de escolarização dos revolucionários se fez inicialmente apoiada em um sistema no qual as mulheres não eram reconhecidas como parte do corpo dos cidadãos.

E no Brasil, como pode ser contada a história da escola mista? Há escassez de material sobre esse tema nas publicações e pesquisas nacionais. Apesar disso, em meio a registros históricos e pesquisas sobre variadas épocas, é possível notar que o nosso país não escapou à polêmica entre escola mista e educação separada.

Também no Brasil, a escolha entre a separação e a "mistura" pode revelar dinâmicas de conservação e de mudança no que se refere à emancipação das mulheres e às relações de gênero. Desde o período colonial – iniciado no "Descobrimento", em 1500, e com término em 1822, quando do "rompimento" com Portugal e a instalação do Império – é possível notar um sistema social que impunha dificuldades às mulheres. Elas viviam reclusas e, geralmente, em estado de *indigência cultural*. Havia um temor generalizado, na sociedade da época, quanto ao aprendizado da leitura e da escrita pelas meninas. A instrução das moças poderia resultar, segundo os pais, em desonra. Esta viria sob a forma de bilhetes para namorados e na leitura de livros considerados proibidos para as mulheres.

Os conventos femininos eram uma exceção. Neles, as mulheres recebiam rudimentos de leitura, escrita, música e trabalhos domésticos. As primeiras experiências, nesses conventos, datam dos séculos XVI e XVII, com a criação, por religiosas, dos chamados "recolhimentos". Esses estabelecimentos religiosos para mulheres multiplicaram-se no período colonial. Os três principais foram: Desterro, na Bahia; Ajuda, no Rio de Janeiro; e Santa Tereza, em São Paulo.

No início do século XIX, D. João VI e sua corte instalaram-se no Brasil. As conhecidas reformas joaninas fizeram com que as mulheres tivessem raras oportunidades educacionais leigas, ou seja, sem relação com religião. Aquelas de classe superior tinham preceptoras estrangeiras e, somente no Império, abriram-se escolas para meninas. Essas instituições, no entanto, eram pouco frequentadas e não havia professoras suficientes. Tal quadro ocorria em razão do preconceito ainda muito forte em relação à instrução de mulheres.

A Lei Imperial de 1827 autorizou a abertura de classes femininas. Contudo, a mesma lei introduziu diferenças entre os currículos dos meninos e o das meninas, em função do que se esperava socialmente dos sexos. Pela posição da mulher no meio social, sua instrução ainda era considerada menos importante, se comparada à necessidade de preparação para o casamento. Por isso, segundo esse decreto, determinadas disciplinas, como a Geometria, não deveriam ser ensinadas às meninas.

Também no ano de 1827, surgiu a proposta de criação de escolas públicas de primeiras letras. Segundo um dos autores da lei, Ferreira França, o magistério "das primeiras letras" deveria ser exercido prioritariamente pelas mulheres, ao passo que os níveis mais elevados (liceus, ginásios e academias) continuariam nas mãos de professores homens.

Certamente, essa lei representa um avanço para a época, se se considerar que garantia um lugar para as mulheres. Contudo, não é possível dizer que estamos diante de uma conquista histórica. A lei conta com as tradicionais representações sobre as mulheres e apoia-se no que chamo de *tríade mulher-mãe-professora*.

Essa tríade é um *punhadinho* de ideias equivocadas usadas para organizar a cabeça das pessoas em relação às mulheres. Trata-se de um conjunto de representações que pode ser explicado da seguinte maneira: Todas as mulheres são *naturalmente* mães. Todas as mães *naturalmente* amam e sabem lidar com as crianças. Ora, todas as mulheres são *natural e potencialmente* boas professoras de crianças pequenas.

Apesar desse ideário estar até os dias de hoje em ação, sabemos que nem todas as mulheres desejam ser mãe e nem todas as mães exercitam sua maternidade da mesma maneira. Também sabemos que, para formar uma professora, há de se ter muito mais do que amor às criancinhas e paciência para com elas. De todo modo, foi assim que o magistério primário foi sendo desvalorizado, pois identificado com o prolongamento das funções maternas, para as quais não se exige qualificação profissional.

Não seria necessário qualificar, com vistas à profissionalização, trabalhadoras que já possuíam, de modo *instintivo*, as atribuições necessárias para o desempenho da função. O desprestígio do magistério relaciona-se, assim, com o desprestígio dos cursos de formação docente, seja em nível médio, seja em nível superior. A reversão desse quadro só irá se dar quando for implodida a tríade mulher-mãe-professora e a carreira docente for encarada como uma profissão para a qual há de se ter específicos preparo e qualificação.

No final do Império, os currículos das escolas femininas ainda eram dedicados ao trabalho doméstico. Eram comuns atividades como corte e costura, bordados, desenho e música. Com isso, pouco espaço era reservado ao ensino de caráter intelectual para as meninas e moças.

As primeiras décadas do período republicano, iniciado em 1889, foram decisivas para a construção de um ideal de autonomia das mulheres. Foi nesse período que a imprensa feminina ganhou impulso e seu ideal de liberação sensibilizou diferentes setores sociais.

O projeto republicano, contudo, tentou conciliar valores tradicionais às novas oportunidades urbanas para as mulheres. Assim, apesar das formas de socialização e participação se diversificarem, não houve no período grandes alterações na vida das mulheres. A conquista do direito de voto, por exemplo, foi obtida apenas na Constituição Federal de 1934.

No que se refere à educação, a República não trouxe novidades para a instrução de meninas e mulheres nas escolas públicas, cuja situação permaneceu precária. Apesar disso, na rede de escolas particulares, os progressos foram visíveis graças à laicização imposta pelo novo regime político. Ao menos oficialmente, homens e mulheres, meninos e meninas foram liberadas da tutela da educação católica, esta com maiores cargas de diferenciação entre o masculino e o feminino.

A República traz ainda para a educação brasileira a Escola Nova. Influenciado pelo filósofo americano John Dewey e sob a liderança do brasileiro Anísio Teixeira, o movimento escolanovista tinha como projeto pedagógico o ideal de ensino oficial, obrigatório, gratuito, leigo e misto.

Apesar de ser o movimento que primeiro percebeu a democracia como importante ingrediente da educação, os escolanovistas revelavam algumas posturas conservadoras. Eles acreditavam, em teoria, na universalidade dos direitos humanos e, nesse âmbito, apregoavam a escola mista, sempre combatida pelos conservadores. Também em nome dos princípios igualitários, nomeavam mulheres para cargos públicos na educação. Contudo, mantinham a percepção de "proteção" das mulheres em uma redoma de austeridade e bom comportamento.

Assim, embora se intitularem "paladinos da modernidade", os escolanovistas não conseguiram influenciar a transformação da tradicional e dominante relação das mulheres com o magistério primário. Não havia necessariamente uma preocupação em libertar meninas e mulheres de um currículo que as preparava para a vida no lar. Também não havia o objetivo de emancipar as mulheres dos domínios masculinos.

Na verdade, o que se notava predominantemente era a defesa da escola mista como uma forma *econômica* de organizar as classes escolares. Juntar meninos e meninas na escola seria um modo de afirmar a educação como direito de todos e de viabilizar a suposta "equalização de oportunidades", presentes no projeto liberal da Escola Nova. Ou seja, manter um sistema de ensino com classes separadas para meninos e meninas sairia mais caro aos cofres públicos, o que inviabilizaria a implantação do ideal de ensino oficial, obrigatório, gratuito e leigo.

Qual a conclusão dessa história toda? A escola primária mista foi oficializada no Brasil na década de 1920. No entanto, a separação e a hierarquização entre homens e mulheres mantiveram-se com a utilização de diferentes mecanismos. Os conteúdos de ensino, as normas, o uso do espaço físico, as técnicas e, especialmente, os modos permitidos e motivados de pensar, sentir e agir.

Do modo como foi implantada no Brasil, a escola mista não alterou as representações tradicionais sobre o feminino e sobre o masculino, as quais correspondem respectivamente aos pares "fragilidade e força", "emoção e razão". Pior que isso, a escola utiliza essas ideias tradicionais e opostas sobre o masculino e sobre o feminino para organizar sua rotina, como se constatou páginas atrás, na realidade da Escola do Caminho.

Ao analisar o histórico de sistemas de ensino latino-americanos, como o brasileiro, atesta-se a escola mista como insuficiente para combater a discriminação das mulheres. Os sistemas de ensino mistos apenas têm conseguido uma igualdade formal, promotora de sutil e mascarada discriminação. Por essa razão, é necessário ir além da escola mista e dar um passo adiante na direção da coeducação. Essa trajetória, todavia, não é caminho sem obstáculos ou opositores. Há quem, até os dias de hoje, defenda a educação separada e distinta para meninos e meninas. Vamos ver, a seguir, como esse debate vem sendo travado.

E agora? Juntos ou separados?
A escola mista no atual debate internacional

Como foi possível notar, na maior parte dos países ocidentais as últimas barreiras institucionais à escola mista foram tombadas. Apesar disso, descobriu-se que escola mista não implica obrigatoriamente igualdade. Unir meninos e meninas nas mesmas salas de aula não é o remédio para a desigualdade entre os sexos. Diante disso, pouco a pouco despontou a interrogação inevitável: Já que a escola mista não acabou com as desigualdades de gênero, devemos retornar à escola separada?

A despeito de qual posição assumir, pensar sobre contextos escolares mistos ou separados é também pensar sobre como o masculino e o feminino são interpretados na nossa sociedade, ou seja, é pensar sobre as relações de gênero. Assim, são muitos os ganhos ao se refletir sobre os prós e os contras da coexistência de meninos e meninas. Trata-se de discussão que, ao ser travada, revela os modos de perceber e lidar com as relações de gênero, na escola e nas demais instituições sociais. Nesse sentido, são expressivos tanto os argumentos que defendem a escola mista quanto aqueles que reforçam a separação.

Os argumentos "separatistas" geralmente repousam sobre a certeza de uma dualidade "natural" entre os sexos, como se as diferenças fossem essenciais. Uma escola para meninas e outra para meninos apenas respeitaria a divisão dada pela natureza. Nessa perspectiva, a escola mista seria percebida como algo antinatural e até uma agressão às meninas e aos meninos.

Em contrapartida, a defesa da escola mista, na maioria das vezes, apoia-se em uma concepção das relações de gênero construídas social e historicamente, conforme mencionado no capítulo sobre gênero como categoria de análise. Separar meninas e meninos na escola seria criar uma divisão artificial, uma vez que eles não deveriam estar separados na sociedade. Além disso, as escolas mistas corresponderiam a um modo de superar as desigualdades sociais entre homens e mulheres.

Para melhor entender a polêmica sobre escola mista, além do conceito de relações de gênero, há outro que permite pensar o masculino, o feminino, as mulheres, os meninos, os homens e as meninas. Esse conceito pode ser usado para analisar também o mercado de trabalho e a política, e não apenas a escola.

Refiro-me à palavrinha *mixité* (lê-se "mikissitê"). Esse termo francês significa a coexistência de indivíduos, membros de grupos sociais diferentes, no seio de um mesmo espaço social ou institucional. Além se ser usada para falar de meninos e meninas, a noção de mixité é bastante utilizada nas pesquisas francesas para fazer referência, por exemplo, à coexistência de crianças católicas e muçulmanas no interior da escola laica francesa. As pesquisas francesas sobre operários árabes no mercado de trabalho europeu também são exemplares da utilização do conceito de mixité.

Olhar a escola mista dentro de uma problemática social mais ampla, passível de ser percebida ao lado do trabalho e da política, revela que nessas três esferas existe uma *pseudomistura*. Na escola, no mercado de trabalho e na política, pessoas do sexo masculino e do sexo feminino, embora estejam em presença um do outro, vivem espaços psicológicos diferentes e, portanto, não se "misturam".

Como a coexistência não é suficiente para garantir os objetivos igualitários que embasam a escola mista, é comum ouvir uma série de argumentos contrários a ela. A seguir, será possível conhecer uma síntese dessas ideias, defensoras da escola separada, e, depois, um resumo das opiniões favoráveis à manutenção da escola mista. São ideias e opiniões coletadas em pesquisas e publicações de várias nacionalidades (todas indicadas nas sugestões de leitura, ao final do livro), as quais podem servir de base para pensar a educação brasileira.

Não é demais lembrar que o debate sobre relações de gênero na escola, no Brasil, é muitas vezes dificultado por uma percepção falsa: os problemas de desigualdade do feminino e do masculino na escola estão resolvidos apenas porque meninos e meninas têm igual acesso à escolarização. Talvez, em razão dessa ideia, haja certa raridade, para não dizer ausência, de estudos sobre escola mista.

O silêncio sobre o tema nas pesquisas e nos estudos educacionais relaciona-se com uma percepção, falaciosamente sustentada, de escola mista como algo que *sempre esteve lá*, algo cuja formação seja alheia a qualquer processo histórico.

É urgente saber que a escola mista é uma construção que se processou ao longo de desenvolvimento do sistema de ensino brasileiro, conforme o exposto no capítulo anterior. Trata-se de uma coexistência conquistada historicamente e, portanto, possível ser transformada com novos debates, estudos e práticas.

Vamos então aos argumentos contrários à coexistência de meninos e meninas na escola.

O sucesso escolar das meninas seria maior em escolas separadas. Nelas, as alunas desenvolveriam mais segurança e confiança, teriam oportunidade de ser discordantes, audaciosas e enérgicas. Elas melhorariam seu desenvolvimento como mulheres críticas e políticas.

Para quem sustenta a escola separada, um dos argumentos pertinentes é que, longe dos meninos, as meninas se sentiriam menos vulneráveis e poderiam se expressar com mais autenticidade, sem pautar-se tanto nos padrões masculinos valorizados socialmente. Apenas entre *pares*, as meninas não tentariam se adequar ao conjunto de expectativas consideradas "tipicamente femininas", nutridas em relação a elas.

Como contraponto a esse argumento é possível pensar o seguinte: sem dúvida, é importante que meninas e mulheres desenvolvam as capacidades de ser discordantes, audaciosas e enérgicas, sem querer agradar os outros o tempo todo. Contudo, tal construção deve se dar em meio à convivência com os sujeitos do sexo masculino e com elementos masculinos no que se refere às relações de gênero. Um bom exemplo disso é pensarmos no trabalho cotidiano de uma senadora. Ela não se relacionará apenas entre mulheres no Senado. Em sua vida pública, irá lidar com os gêneros masculino e feminino e travar embates ou formar alianças com mulheres e homens. Assim, é importante desenvolver esse conjunto de atributos em um contexto misto.

No que se refere aos benefícios para os meninos nas escolas separadas, autores considerados "masculinistas" apostam nas diferenças entre os sexos. Eles afirmam que a classe mista exerceria uma pressão para a "não diferenciação" de meninas e meninos. Os meninos teriam forte necessidade de desenvolver sua identidade sexual e de se agrupar com seus pares, o que seria possível apenas em escolas separadas. Além disso, os bons resultados das meninas poderiam desencorajar os meninos. A coexistência entre os sexos atrapalharia e distrairia alunos e alunas das atividades de aprendizado.

Com relação à "necessidade de os meninos desenvolverem sua identidade sexual", quem disse que essa identidade não pode ser formada em coexistência igualitária com meninas e mulheres? A menos que desejemos homens e mulheres com mentalidades bastante discriminatórias, o ideal é que a formação identitária de todos se dê em contato com o masculino e o feminino e, sobretudo, em simultâneo questionamento de qual masculino e de qual feminino queremos.

Os argumentos favoráveis à coexistência de meninos e meninas, em escolas mistas, logo de início, relacionam a educação separada como uma situação irreal. Se no cotidiano em sociedade homens e mulheres estão juntos, não há por que separar meninas e meninos na escola. A coexistência dos dois sexos na escola ensinaria para o convívio igualitário em sociedade.

Em outras palavras, se a vida em sociedade é mista (ou deveria ser), não há por que ser não mista na escola. A escola separada por sexo não seria uma "melhor preparação" para a vida adulta. Vale notar ainda que a escola mista não deve ser apreciada apenas pelo seu valor futuro. No que se refere ao que propicia no presente, a escola mista corresponderia a uma tradição democrática e se oporia aos significados morais e religiosos negativos, anteriores à democracia.

Um retorno às escolas separadas representaria, ao longo do tempo, perda de poder para as mulheres. E é importante lembrar que ainda que não se possa ou não se deseje que apenas um sexo tenha poder socialmente, em alguns contextos históricos as escolas separadas serviram para gerar álibis para salários inferiores para as mulheres.

Um exemplo disso é retratado na história da educação brasileira. Em nosso país, as professoras do curso normal ganhavam menos do que os professores dos outros cursos no ensino médio, como clássico e científico. O argumento que sustentava essa desigualdade era a não existência de matérias como Geometria no currículo das moças!

As escolas separadas concorreriam para a supervalorização das relações de gênero tradicionais e caricatas. Em salas exclusivas de meninas, atributos e valores tradicionalmente femininos – como a meiguice, a maternidade, a sensibilidade, a emotividade e a ordem acima de tudo – seriam cultuados, em detrimento de valores que são considerados tipicamente masculinos – como força, coragem, empreendedorismo e criatividade. Estes seriam cultuados em salas formadas exclusivamente por meninos, os quais perderiam a chance de entrar em contato sistematicamente com atributos e valores considerados femininos.

A escola separada não é defensável tampouco ao se considerar as questões de rendimento escolar. Por um lado, em um primeiro olhar, pode ser comum encontrar meninos com notas mais baixas do que as meninas. Ou pode ser usual ver meninas em posições marginais nas interações na sala de aula. Algumas pesquisas atestam que meninas de escolas mistas têm resultados menos positivos em matemática e física, disciplinas conotadas como masculinas.

Apesar desses fatores, por outro lado, o estudo sobre desempenho escolar diferenciado de meninas e meninos não reforça a escola separada. A maioria das pesquisas compara meninas pobres de escolas mistas com meninas ricas de escolas não mistas. Assim, o melhor resultado é obtido não porque a escola é exclusiva de meninas, mas sim porque estas vêm de um meio social culturalmente privilegiado.

Além disso, pensar nas práticas escolares como portadoras de desiguais relações de gênero poderia ser um modo de fazer meninas interagirem mais em sala de aula, meninos perceberem que a afirmação de sua masculinidade não está necessariamente atrelada a não se comportar durante as aulas ou a ter notas péssimas. Assim, separar meninos e meninas não é a solução para melhor rendimento. A chave para este consiste na mudança de mentalidades, atitudes e procedimentos nas escolas mistas.

Estudos e pesquisas de diversas nacionalidades constatam que não existem diferenças de desempenho estáveis que possam ser relacionadas ao fato de as escolas serem ou não mistas. Também não existem dados expressivos que legitimem as experiências de escolas separadas. E, o que é pior, situações observadas em escolas mistas, como a Escola do Caminho, depõem contra a "mistura" de meninas e meninos, do modo como a conhecemos. Trata-se de um dilema!

Segundo o que é percebido nas salas de aula e nos pátios, em pesquisas no Brasil e no exterior, a convivência em conjunto, da maneira como vem ocorrendo, acentuaria as relações de gênero polarizadas, hierarquizadas e desiguais.

O que fazer então? Como o próprio nome deste capítulo sugere, e agora? Juntos ou separados?

Como pesquisadora, pedagoga, feminista e professora, defendo a escola mista. Ao longo deste livro, atestei isso em vários momentos. Contextos escolares de separação de meninos e meninas não são searas de eliminação das desigualdades. Grupos inteiros compostos apenas por meninas ou apenas por meninos podem ser tão pautados pelas relações de gênero tradicionais quanto grupos mistos. Isso ocorre porque o masculino e o feminino, como gêneros, estão presentes mesmo em relações que se dão em grupos só de homens e meninos ou em grupos só de mulheres e meninas.

É importante notar que apenas "misturar" meninos e meninas, sem propor atividades que promovam a ruptura com as tradicionais e hierarquizadas relações de gênero em nada contribui para o término das desigualdades. Manter as escolas mistas é tão importante quanto apontar as lacunas atuais desse modelo para poder transformá-lo. Para que isso ocorra, será preciso que os profissionais da área de educação, feministas e pesquisadoras assumam a reflexão sobre as relações de gênero na escola como prática pedagógica, como bandeira de luta e como tema de estudo.

Se não assumirmos, urgente e coletivamente, a tarefa de manter e transformar as escolas mistas, os aligeirados textos jornalísticos e os livros escritos por aqueles que não educam cuidarão disso por nós. O debate será reduzido a como devemos criar, diferentemente, meninas e meninos.

Da escola mista à coeducação
Caminho para uma política pública de igualdade de gênero

    A escola, assim como outras instituições sociais, ressalta e utiliza as diferenças e transforma-as em desigualdades. Ao separar adultos de crianças, ricos de pobres, a escola conhecida por nós fabrica identidades de meninos e meninas, homens e mulheres.
    Esse trabalho de conformação tem início na família e encontra eco e reforço na escola. Ali são ensinadas maneiras

apropriadas de se movimentar, de se comportar, de se expressar e, até mesmo, maneiras de "preferir", como bem lembra Guacira Lopes Louro em vários de seus escritos.

Contudo, os sujeitos, meninos e meninas, não são apenas receptores passivos de imposições externas. Alunos e alunas, de diferentes modos, reagem, seja ao recusar ou ao assumir, às aprendizagens sobre o feminino e o masculino propostas implícita e explicitamente nos processos educacionais.

Valendo-me dos escritos da pedagoga e socióloga Flávia Schilling, notei como se mostram as pequenas e cotidianas recusas. Percebi como se expressam os *nãos* ao que é tipicamente masculino ou tipicamente feminino, nos gestos e nas falas, daquelas e daqueles que resistem.

Uma menina que brinca ao lado dos meninos. Um menino que se recusa a andar na fila destinada aos meninos. Uma professora que não separa os assentos das carteiras pelo sexo das crianças. Meninos e meninas que passam o recreio cantando e dançando juntos. Um professor capaz de tolerar igualmente a indisciplina de meninas e de meninos. Todas essas são ações individuais ou em pequenos grupos cujo efeito é a formação de núcleos de resistência às relações de gênero tradicionais.

Assim, a ação dos sujeitos é, sem dúvida, importante para a transformação da realidade cotidiana. Além dessa resistência minuciosa, há de se apostar em uma mudança do sistema de ensino de modo mais amplo e sistemático. Como fazer isso? Como construir um modo sistemático e "oficial" de resistir às desigualdades de gênero? O que fazer para que o "aprendizado da separação" se torne a vivência da aproximação, sem oposição e polaridade entre o feminino e o masculino? De que maneira garantir que a coexistência de meninos e meninas na escola mista não acentue e fomente as já desiguais relações de gênero?

Sem que seja uma panaceia – um remédio contra todos os males –, a *coeducação* poderia ser um começo para responder a essas perguntas. E vale atentar para o que chamo de coeducação, uma vez que não é apenas *juntar fisicamente* meninas e meninos na mesma escola ou mesma classe.

Ao utilizar o termo *coeducação*, refiro-me a um modo de gerenciar as relações de gênero na escola, de maneira a questionar e reconstruir as ideias sobre o feminino e sobre o masculino. Trata-se de uma política educacional, que prevê um conjunto de medidas e ações a serem implementadas nos sistemas de ensino, nas unidades escolares, nos afazeres das salas de aula e nos jogos e nas brincadeiras dos pátios.

Trilhar o caminho da escola mista que temos à coeducação que queremos prevê, portanto, uma série de recomendações práticas, normas e preceitos a serem seguidos, sobre os quais há de se refletir. As próximas páginas cumprem essa função.

E, a essa altura, vale fazer uma ressalva. Geralmente uma pesquisa que apresenta alguma prescrição corre o risco de ser proscrita, ou seja, trazer ideias sobre medidas e ações que podem e devem ser tomadas na realidade escolar torna muitas vezes um livro como este que você está lendo "proibido". Isso ocorre pois há quem acredite que "em livros sérios sobre educação não deve conter nenhum tipo de receita".

Por um lado, isso é verdade! Cada professora, ao analisar sua prática, pode pensar quais são as melhores medidas a serem tomadas, sem que isso seja retirado de um manual e aplicado diretamente na sala de aula. Por outro lado, não é possível (nem mesmo responsável) levantar todas as questões que apontei ao longo deste livro sem apresentar minimamente algumas pistas que indiquem soluções. Tão insuportável quanto um texto que parece querer "dar receitas" é aquele que aponta problemas sem ajudar a pensar as soluções. Por essa razão, vamos ao que é necessário para que a coeducação seja alcançada na prática de nossas salas de aula, pátios, redes de ensino municipal, estadual e sistemas de ensino em geral.

Inicialmente, para levar o projeto coeducativo seriam necessários "agentes de mudança". Esses agentes da coeducação podem ser professores, pesquisadoras, secretárias de educação e seus auxiliares, supervisores de ensino, diretoras de escola e coordenadores pedagógicos.

Essas pessoas estariam presentes em órgãos governamentais (como as secretarias de educação), em sindicatos e em organizações não governamentais. Sua responsabilidade seria a de analisar práticas e situações escolares, traçar objetivos igualitários, estabelecer metodologias de trabalho e, também, definir tarefas.

Dentre essas tarefas estaria a formação de professoras e os demais profissionais educadores, trabalhadores no interior da escola. A produção de material pedagógico e o estímulo às pesquisas também seriam tarefas dos agentes da coeducação.

Dada a amplitude das suas atribuições, fica evidente que esses agentes precisariam ser atuantes em diferentes esferas de poder, tanto no âmbito executivo, das nações, dos estados e dos municípios, quanto nas esferas não governamentais, nas escolas e organizações da sociedade civil. Essa presença generalizada dos agentes garantiria que o debate sobre as relações de gênero e a educação permeasse todas as políticas de uma sociedade. A discussão sobre educação e relações de gênero não estaria, então, restrito aos *guetos*.

Além disso, não se pode esquecer da necessária unificação do sistema educacional para meninas, meninos, homens e mulheres. A maior facilidade em algumas disciplinas e conteúdos para os meninos e, em outras matérias, para meninas, em razão do seu sexo, seria combatida. A mesma luta seria travada quanto à existência de carreiras e profissões *para mulheres* e outras *para homens*.

Para que meninas e meninos se sentissem confortáveis tanto nas aulas de Matemática quanto nas de Língua Portuguesa, sem que houvesse dificuldades específicas em razão de seu sexo, seria importante uma mudança educativa. Para tal, de diversas e muitas maneiras seriam veiculadas mensagens e implementadas práticas sobre não existirem *coisas de homem*, de um lado, e *coisas de mulher*, de outro.

O rosa e o azul seriam percebidos como cores de todas as pessoas. Valores como coragem, afetividade, organização, força, racionalidade e emotividade seriam igualmente pertinentes tanto às meninas e mulheres quanto aos homens e meninos. Correr, lutar, gritar, assim como se sentar calmamente para conversar ou jogar, seriam movimentos igualmente aceitos e motivados em relação aos meninos e as meninas, moças e rapazes.

Como dimensões fundamentais para o alcance da coeducação estão desde setores mais amplos e gerais até os mais *miúdos* e particulares. Vejamos os vários níveis a serem sensibilizados, tocados e transformados para que o desejo de relações de gênero igualitárias seja satisfeito gradativamente.

- *Legislação*: mudanças legislativas podem ajudar a destruir barreiras sociais que impedem o igual acesso e a permanência de meninas, meninos, homens e mulheres nos diversos ramos educacionais e profissionais. Além disso, leis que motivem o igual acesso às diferentes carreiras e ramos de ensino podem ser sancionadas.

- *Sistema educativo*: os diferentes níveis de ensino e os tipos de carreira devem ser assegurados a todos. Meninas e meninos podem ser igualmente incentivados para as práticas esportivas e para as atividades de Ciências, Matemática, arte e música, por exemplo. Da mesma maneira, há de se motivar a procura e a acolhida de homens em carreiras consideradas femininas e de mulheres em carreiras tidas como masculinas.

❑ *Unidades escolares*: é urgente a destruição de qualquer caráter segregado nas escolas. Geralmente isso se expressa no uso diferenciado por sexo dos espaços escolares e nas divisões por sexo nas atividades. Um bom exemplo seria evitar fazer "fila de meninas" e "fila de meninos". Como alternativa, as filas podem ser organizadas pela letra inicial do nome das crianças (uma fila de A até L e outra de M até Z). De todo modo, é sempre bom questionar a necessidade de estratégias como as filas para que as crianças se locomovam dentro da escola. Afinal, os adultos não andam em fila nas ruas e nos locais de trabalho e nem por isso caem ou se pisoteiam.

❑ *Currículos*: os conhecimentos e valores inscritos nos currículos escolares oficiais podem ser questionados e redefinidos para que sejam asseguradas as percepções igualitárias de gênero. O debate sobre sexualidade, por exemplo, poderia perpassar as diferentes disciplinas, em vez de estar encerrado nos conteúdos sobre corpo humano, em Ciências. Mulheres importantes na História, na Literatura e na Ciência poderiam ser conhecidas e valorizadas. Tais abordagens revelariam uma concepção de História e de Sociedade na qual mulheres e homens são sujeitos históricos de igual importância. Os conteúdos, como geralmente conhecemos, destacam como *heróis*, na maioria das vezes, os homens brancos, ricos e heterossexuais.

❑ *Interação entre professoras, professores, alunos e alunas*: as práticas habituais no sistema educativo podem ser observadas e reconstruídas para que não carreguem um caráter desigual entre o masculino e o feminino. Alguns exemplos de medidas cotidianas nas práticas docentes são os seguintes:

a) Evitar criticar e dar bronca nos meninos dizendo "você parece uma menina". Evitar chamar a atenção das meninas com frases como "você é bagunceira como um menino". Esse tipo de humilhação só reforça características negativas sobre os sexos.

b) Estimular na sala e no pátio o trabalho e as brincadeiras de meninas e meninos em conjunto.

c) Encorajar meninas e meninos igualmente a serem líderes em grupos de tarefas e brincadeiras e a falarem em público.

d) Discutir e eliminar piadas racistas e com preconceitos contra mulheres e homossexuais.

e) Intervir em situações em que meninos e meninas estejam sendo preconceituosos.

f) Fazer as mesmas perguntas e usar o mesmo tom de voz para se dirigir tanto aos meninos quanto às meninas.

g) Desencorajar a competição entre meninos e meninas e estimular a cooperação. Evitar fazer jogos com "time das meninas" e "time dos meninos".

h) Pedir para que os meninos sirvam o lanche e as meninas carreguem livros e caixas, de modo que seja feito rodízio das atividades entre meninos e meninas.

i) Incentivar igualmente meninas e meninos para as práticas esportivas e para as atividades de Ciências, Matemática, arte e música, por exemplo.

j) Incentivar, igualmente, meninos e meninas a brincar de boneca, cozinhar, fazer marcenaria, costura e todo tipo de trabalho manual.

k) Ensinar o respeito às diferentes orientações sexuais.

l) Encorajar meninos e meninas a expressarem afeto pelos colegas do mesmo sexo e do sexo oposto, sem fazer piadas maliciosas. Manifestações de carinho entre crianças (e entre adultos) do mesmo sexo e do sexo oposto não são erros e, portanto, não precisam ser reprimidos.

- *Capacitação e formação profissional*: a formação de professoras e professores não pode ser esquecida, assim como a dos demais agentes educadores (diretores, coordenadores e supervisoras de ensino). As faculdades de Pedagogia e os cursos de Formação em Serviço devem contemplar o ideal coeducativo, seja com disciplinas específicas sobre relações de gênero, seja com textos e debates que considerem o tema em meio às muitas disciplinas e conteúdos a serem estudados pelos educadores.

- *Paridade do professorado*: o sistema escolar composto por homens e mulheres em todas as posições e tarefas figura de modo complementar em um contexto de igualdade de gênero. Para tal, os homens devem ser motivados a escolherem as carreiras pedagógicas e as mulheres devem ser formadas para assumirem também os postos de direção e comando nas Secretarias de Educação e Coordenadorias de Ensino. De nada adianta termos um sistema de ensino no qual os poucos homens comandam a massa feminina. Ao contrário, o ideal é que tanto homens quanto mulheres assumam, em igual proporção numérica, os diferentes postos de comando e as salas de aula.

- *Livros didáticos*: a reflexão sobre as imagens de mulheres, meninas, meninos e homens veiculadas nos livros didáticos pode contribuir para uma educação igualitária. Há de se fazer uma análise dos livros já em circulação. Além disso, é importante criar obras com uma divisão igualitária das personagens masculinas e femininas. Nessas obras seriam expressos nos textos e retratados nas imagens os diferentes papéis exercidos por meninos, mulheres, meninas e homens, na família, na escola, na vida profissional e política. A estudiosa francesa Andrée Michel propõe um instrumento de avaliação de livros e manuais escolares. Trata-se de um roteiro que potencializaria a identificação de posições desiguais do feminino e do masculino. Veja esse roteiro no quadro a seguir:

Roteiro para avaliação de livros e materiais didáticos quanto às desigualdades de gênero

1. Título da obra: _____
2. Assunto tratado ou disciplina: _____
3. Editora e ano da publicação: _____
4. Nome de autoras(es): _____
5. Sexo de autores(as): feminino ( ) masculino ( )
6. Quais e quantas são as atividades/ocupações nas quais são mencionadas:
   meninas ( ) meninos ( ) mulheres ( ) homens ( )
7. Qual o número de ilustrações apresentadas em relação a cada sexo:
   meninas ( ) meninos ( ) mulheres ( ) homens ( )
8. Quantas vezes o texto menciona:
   meninas ( ) meninos ( ) mulheres ( ) homens ( )
9. Quais são os adjetivos usados para descrever:
   meninas ( ) meninos ( ) mulheres ( ) homens ( )
10. Descreva a linguagem utilizada no texto para se referir aos homens e meninos e às mulheres e meninas.
11. As mulheres e os homens que aparecem nos textos apresentam contribuições significativas? Quais?
12. Quais são os modelos apresentados para meninas, meninos, mulheres e homens?
13. O texto está escrito em estilo contemporâneo e realista?
14. Existem seções especiais que tratem unicamente das mulheres ou de etnias e raças particulares? Se sim, como são abordadas as minorias sociais?
15. Como o texto pode influenciar nas aspirações de meninas e meninos no que diz respeito à instrução e à profissão?
16. Em uma página, faça um breve resumo do livro ou do material analisado. Diga se ele deve ou não ser adotado e por quê.

Até que a coeducação seja implantada como ampla política pública, muitas das medidas e ações mencionadas podem ser assumidas na realidade escolar. Cada professora, cada estudante de Pedagogia, cada pesquisador das relações de gênero, podem ser agentes da coeducação.

Nessa perspectiva, a coeducação deve ser percebida como algo que nasce aos poucos, gerada pelas decisões das professoras em seus planejamentos, em suas salas de aula.

O fato de a coeducação existir como ideal pode, *per si*, transformar as práticas. A busca pela coeducação asseguraria a existência de práticas mais igualitárias e menos centradas nas relações de gênero tradicionais que colocam o masculino de um lado e o feminino de outro.

Não vamos, contudo, nos enganar! É normal o surgimento de resistências a esse projeto coeducativo. Tais resistências podem tomar a forma do seguinte argumento: a desigualdade está em toda a sociedade, ela não poderá ser destruída pela escola! A escola não teria poder e força para tal empreitada, pois não conseguiria intervir nos modelos de masculino e de feminino ensinados pela família e pelas outras instituições sociais.

O contraargumento daquelas e daqueles que lutam por uma sociedade igualitária assume, então, a seguinte forma: a desigual percepção sobre o masculino e o feminino precisa começar a ser combatida inicialmente em alguma instituição social. A escola pode ser esse ponto de partida e, mesmo não destruindo as desigualdades por completo, poderia diminuí-las.

Além disso, é importante intervir nos ensinamentos dados pela família e pelas demais instituições sociais. A escola, para que haja aprendizado, interfere nas hipóteses das crianças sobre os conhecimentos matemáticos, científicos e linguísticos. Da mesma maneira, há de se intervir nos conhecimentos relativos às relações de gênero, às relações étnico-raciais, geracionais e de classe, para que as discriminações e desigualdades acabem.

É certo que o projeto de coeducação é ambicioso, posto que supõe uma transformação profunda das expectativas, comportamentos e práticas escolares. É quase uma revolução dos saberes docentes!

Entretanto, a coeducação não é uma proposta utópica. Condições igualitárias de aprendizagem podem ser criadas até mesmo em pequena escala, em nível local, na sala de aula. Nesse laboratório, onde a professora e o professor podem definir as regras do jogo, meninos e meninas devem ser encorajadas a viverem juntos, de modo que suas experiências individuais e coletivas sejam respeitadas.

Assim, a coeducação desponta também como um modo de agregar professores, professoras, feministas, estudiosas de gênero e pesquisadores na área de educação. Esse grupo heterogêneo – para quem e por quem tal política pública dever ser pensada – se uniria em prol de um objetivo comum: a promoção de práticas e políticas públicas de igualdade, no âmbito das quais figure a construção de uma escola que não seja marcada pelas desigualdades sociais.

Enfim, a coeducação figura não apenas como política pública, mas também como oportunidade de encontro, debate e celebração entre os muitos e diferentes sujeitos que atuam e constroem o conhecimento, a educação e os movimentos sociais.

Sugestões de leitura e referências bibliográficas

AUAD, Daniela. *Feminismo*: que história é esta? Rio de Janeiro: DP&A, 2003.

_____. Educação para democracia e coeducação: apontamentos a partir da categoria gênero. *Revista USP*. São Paulo: USP, n. 56, dez./jan./fev. 2002-2003.

_____. Parâmetros curriculares nacionais, temas transversais e gênero. *Caderno educação e gênero*. São Paulo: Sempre viva Organização Feminista/SOF, 1999.

_____. Escola, relações de gênero e sexualidade: um caminho para a construção da igualdade. *Caderno de educação da Confederação Nacional dos Trabalhadores em Educação*/CNTE, Brasília, 1998.

_____. *Formação de professoras*: um estudo dos *Cadernos de Pesquisa* a partir do referencial de gênero. São Paulo – Faculdade de Educação da USP, 1998. Dissertação (Mestrado em Educação).

BELOTTI, Elena Gianini. *Educar para a submissão*. Petrópolis: Vozes, 1985.

BENEVIDES, Maria Victoria de Mesquita. Educação para a democracia. *Lua Nova*. São Paulo, n. 38, 1996.

_____. *A cidadania ativa*: referendo, plebiscito e iniciativa popular. 3. ed. São Paulo: Ática, 1998.

_____. Cidadania e direitos humanos. *Cadernos de Pesquisa*. São Paulo, n. 104, 1998, pp. 39-46.

_____. Democracia de iguais, mas diferentes. In: BORBA, Angela; FARIA, Nalu; GODINHO, Tatau. *Mulher e política:* gênero e feminismo no Partido dos Trabalhadores. São Paulo: Fundação Perseu Abramo, 1998.

_____. Educação em direitos humanos: de que se trata? In: LEITE, Raquel Lazzari Barbosa; CATANI, Denice Barbara. *Formação de educadores*: desafios e perspectivas. São Paulo: Ed. Unesp, 2001.

BERNADETE, Maria Helena. *Novo tempo*: Português (3ª série). São Paulo: Scipione, 1999. (Coleção Novo Tempo).

BERNARDES, Nara M. G. *Crianças oprimidas*: autonomia e submissão. Porto Alegre, 1989. (Tese – UFRGS)

BOCCHINI, Maria Otília. Relações de gênero nos livros didáticos. *Folha feminista*. São Paulo: SOF, n. 27, set. 2001.

_____; ASSUMPÇÃO, Maria Elena O. *Para escrever bem*. Barueri: Manole, 2002.

BOGDAN, Robert; BIKLEN, Sari. *Investigação qualitativa em educação*: uma introdução à teoria e aos métodos. Porto: Porto Editora, 1991.

BONDER, Gloria. Género y política educacional: la experiencia argentina. Educación y género: una propuesta pedagogia. Ministério de Educación. *La Morada*, Santiago, 1993, pp. 121-9.

BOND, Karen E. Como "criaturas selvagens" domaram as distinções de gênero. *Pró-posições*, v. 9, jun. 1998, pp. 46-54.

BOURDIEU, Pierre. *O poder simbólico*. Lisboa/Rio de Janeiro: Difel/Bertrand Brasil, 1984.

BRAGANÇA, Angiolina D.; CARPANEDA, Isabella. *Viva vida*: Português (4ª série). São Paulo: FTD, 1995.

COLLIN, Françoise. Diferença e diferendo: a questão das mulheres na Filosofia. In: DUBY, George; PERROT, Michelle (orgs.); THÉBAUD, Françoise (dir. do vol.). *História das mulheres no Ocidente*: o século XX. Porto/São Paulo: Afrontamento/Ebradil, 1991, v. 5.

CONNEL, Robert W. Políticas da masculinidade. *Educação e realidade*, jul./dez. 1995.

DELPHY, Christine. Penser le genre. In: HURTIG, Marie-Claude; KAIL, Michèle; ROUCH, Hélène. *Sexe et genre, de la hiérarchie entre les sexes*. Paris: CNRS, 1991.

_____. *L'Ennemi principal*: penser le genre. Paris: Syllepse, 2001, t. 2.

DURAND-DELVIGNE, Annick. Pour la mixité qui travaille. In: MOSCONI, Nicole. *Égalité des sexes em édication et formation*. Paris: PUF, 1998.

_____; DURU-BELLAT, Marie. Coeducação e construção de gênero. In: MARUANI, Margaret; HIRATA, Helena. *As novas fronteiras da desigualdade*: homens e mulheres no mercado de trabalho. São Paulo: Senac, 2003.

GIMENO, Amparo Blat. Informe sobre la igualdad de oportunidades educativas entre los sexos. *Revista Iberoamericana de Educación*, n. 6, sept./dic. 1994, pp. 123-45.

HIRATA, Helena Sumiko; LABORIE, Françoise; LE DOARÉ, Hélène; SENOTIER, Danièle (coord.). *Dictionnaire critique du féminisme*. Paris: PUF, 2000.

LEAL, Hyrla Aparecida Tucci. *Amélias de ontem*: a educação feminina na concepção de intelectuais da década de vinte. São Paulo: 1997 (Doutorado) PUC/SP.

LOURO, Guacira Lopes. *Gênero, sexualidade e educação*: uma perspectiva pós-estruturalista. Petrópolis: Vozes, 1997.

_____ (org.). *O corpo educado*: pedagogias da sexualidade. 2. ed. Belo Horizonte: Autêntica, 2004.

MICHEL, Andrée. *Não aos estereótipos*: vencer o sexismo nos livros para crianças e nos manuais escolares. São Paulo: Unesco/CECF, 1989.

MORENO, Montesserat. *Como se ensina a ser menina*: o sexismo na escola. São Paulo/ Campinas: Moderna/Unicamp, 1999.

MOSCONI, Nicole. *La mixité dans l'enseignement secondaire*: um faux-semblant? Paris: PUF, 1989.

_____. *Égalité des sexes em éducation et formation*. Paris: PUF, 1998.

_____. Réussite scolaire des filles et des garçons et socialisation différentielle des sexes à l'école. *Recherches féministes*. Québec: Université de Laval, v. 11, n. 1, 1998.

NICHOLSON, Linda. Interpretando gênero. *Revista Estudos Feministas*, v. 8, n. 2, 2000.

NOSELLA, Maria de Lourdes C. Deiró. *Belas mentiras*: a ideologia subjacente nos livros didáticos. São Paulo: Moraes, 1981.

NOVAES, M. E. *Professora primária:* mestra ou tia? São Paulo: Cortez Autores Associados, 1984.

ROSEMBERG, Fúlvia. A escola e as diferenças sexuais. *Caderno de Pesquisa*. São Paulo, n. 15, 1975, pp. 78-85.

_____; PINTO, Regina Pahim. *Educação da mulher*. São Paulo: Nobel/Conselho Estadual da Condição Feminina, 1985. (Série Década da Mulher).

_____. *Literatura infantil e ideologia*. São Paulo: Global, 1989.

_____; AMADO, Tina. Mulheres na escola. *Caderno de Pesquisa*, São Paulo, n. 80, 1992, pp. 62-74.

ROSETTI, Josefina. La práctica pedagógica discrimina a las mujeres. Efectos sobre la vida adulta. Educación y género: una propuesta pedagogia. Ministério de Educación. *La Morada*, Santiago, 1993, pp. 37-50.

SCHILLING, Flávia Inês. *Estudos sobre resistência*. Campinas, 1991. (Dissertação de Mestrado).

_____. Gênero: uma categoria útil de análise histórica. *Educação e Realidade*, Porto Alegre, n. 2, v. 20, 1995, pp. 71-99.

SOUSA, Eustáquia Salvadora de. Relações de gênero no ensino da educação física. *Caderno Espaço Feminino*, n. 3, 1996, pp. 79-96.

STROMQUIST, Nelly P. Políticas públicas de Estado e equidade de gênero: perspectivas comparativas. *Revista Brasileira de Educação*, n. 1, jan./abr. 1996, pp. 27-49.

SUBIRATS MARTORI, Marina. *Niños y niñas en la escuela*: una exploración de los códigos de género actuales. Barcelona: Universidad de Barcelona, 1985.

_____. Conquistar la igualdad: la coeducación hoy. *Revista Iberoamericana de Educación*, n. 6, sept./dic. 1994, pp. 49-78.

THORNE, Barrie. *Gender Play*: girls and boys in school. New Jersey: Rutgers University Press, 1997.

TOSCANO, Moema. *Estereótipos sexuais na educação*: um manual para o educador. Petrópolis: Vozes, 2000.

UNIVERSIDADE DE SÃO PAULO – NEMGE/CECAE. *Ensino e educação com igualdade de gênero na infância e na adolescência*. Guia prático para educadores e educadoras. São Paulo: NEMGE/CECAE, 1996.

WALKERDINE, Valerie. O raciocínio em tempos pós-modernos. *Educação e Realidade*, jul./dez. 1995.

WHITAKER, Dulce. *Mulher e homem*: o mito da desigualdade. São Paulo: Moderna, 1988. (Coleção Polêmica).

ZAIDMAN, Claude. *La mixité à l'école primaire*. Paris: L'Harmattan, 1996.

_____. La mixité en questions: des résistances religieuses à la critique féministe, ou l'actualité de la question de la mixité scolaire. *Raison Présente*. Paris: Nouvelles Éditions Rationalistes, n. 140, 2002.

A autora

Daniela Auad é pedagoga, mestra em História e Filosofia da Educação e doutora em Sociologia da Educação pela Faculdade de Educação da USP. Autora do livro *Feminismo: que história é essa?*, é professora titular da Universidade Paulista e professora visitante no Departamento de Sociologia da Unicamp.

Agradecimentos

À Fundação de Apoio à Pesquisa do Estado de São Paulo (Fapesp) e à Faculdade de Educação da Universidade de São Paulo (FE-USP), instituições acolhedoras de minhas iniciativas e cujo suporte possibilitou a realização deste trabalho.

Ao professor Jaime Pinsky e a toda a equipe da Editora Contexto, cuja generosa e entusiasta motivação fez-me feliz ao reescrever minha tese e transformá-la neste livro.

A Maria Victoria Benevides, Helena Hirata, Guacira Lopes Louro, Claude Zaidman, Nicole Mosconi, Françoise Pujol, Maria Otília Bocchini, Flávia Inês Schilling, Maria Eulina Pessoa de Carvalho, Maria Lúcia da Silveira e às professoras da Escola do Caminho, mulheres que, de diferentes e singulares maneiras, estiveram ao meu lado nessa trajetória de estudo, pesquisa e escrita.

Ao Ricardo Pietroforte Carvalho, por tudo, sempre.